天皇生前退位と神国・日本の秘密

「闇の権力」の日本占領を跳ね返す

中丸 薫
Kaoru Nakamaru

SEIKO SHOBO

まえがき

2016年は、世界にとっても日本にとっても大きな転換の年となりました。その中でも、この夏以降、ひときわ日本人に衝撃を与えたのが、天皇陛下の「生前退位」の意向の表明です。7月13日のNHKニュースが、これを報道すると、マスコミはてんやわんやの騒ぎになって、その後、8月8日に、陛下御自身がテレビを通じて、国民に「お気持ち」をお伝えになりました。

宮内庁というところは、情報がオープンにならない風通しのよくない機関ですから、一連の報道に関しても、さまざまな憶測が飛び交い、何が本当なのか、いまだに雑誌などでいろいろな記事が出ている状態です。

私は、まずは、陛下のお言葉を素直にとって、陛下のご意向に沿うように努めるのが最善の策だと考えます。言葉の裏に何か別の意図があるのではないかとか、夏の参院選の直後にNHKの第一報があったのはなぜかとか、陛下のお言葉が8月8日という、終戦記念日の1週間前の時期だったのにも意味があるのではないかとか、いろいろな人がさまざまなことを言っていますが、そのような解釈をしても意味があるとは思えません。今回の場合、まずは陛下の言葉を、言葉としてそのまま素直に受け取る、私たちの素直な気持ちこそが大切だと思います。

そして、そのうえで、私たちがまず何より気をつけなければならないのは、このような事態になると、必ず、これを利用して何か自分たちだけを利するような動きに出てくる人たちがいるということです。具体的には、今このときに女性天皇および女系天皇の容認をかかげる人々です。

詳しくは、本文に譲りますが、この手の邪な意見は、天皇家と合体したいと望んでいる「闇の権力」の息がかかった人たちだと考えて間違いありません。そういう意味では、いま、日本は大きな危機に直面していると言えます。

私は、天皇の「生前退位」報道に端を発して、いま「闇の権力」が日本に対してかけてきている攻撃に、日本人が一丸となって対処しなければならないと考えます。そのために、いったい天皇家とはどういう存在なのか、私たち日本人はそもそもどこから来たのか、それらのことをわかりやすくこの本でまとめてみようと思いました。

私の本をはじめて読む読者のことも考えて、私のこれまでの人生の歩みも並列して織り込んでいます。そうすることで、私がなぜ、今回の天皇の生前退位の問題に危機感を抱いて取り組んでいるのか、読者の方々により理解していただけると考えたからです。

２０１７年からの世界は、新しい波動の中でかなりの大きな歴史的転換が起こる世界となります。その中で、日本は、世界の平和のためのリーダーとなるべく、よりよい方向への転換を目指さなければなりません。

私自身も、スイスに新たな財団を設立し、活動の拠点をヨーロッパに移して、ますます地球の未来のために意識改革を広めていくつもりでいます。世界のリーダーたちとの対話も再開する予定です。かつて一度出会ったことのある、「悪」の道、「力」の道へ、一度は道を踏み外したリーダーたちとも、今度は魂と魂の会話のような、互いの魂に8の字をかけたような対話ができると思うのです。

そのために、「力」の道ではなく、「命」の道を今こそ説かなければなりません。

そして、その「命」の道の実現は、私たち一人ひとりの意識改革にかかっています。

本書がそのための一助になりますように。

２０１６年11月15日

中丸 薫

装幀……………フロッグキングスタジオ
企画協力………株式会社マスターマインド

天皇生前退位と神国・日本の秘密 ――「闇の権力」の日本占領を跳ね返す◆目　次

第3章　神国・日本のルーツ

第4章 古代天皇家の謎

第5章 「金王朝」三代に隠された秘密

第6章　中丸薫が過去世で生きた人々

第7章　トランプ新大統領と「命の道」によるワンワールド

第1章 天皇生前退位発言の衝撃

不自然だった7月の第一報と宮内庁の全面否定

今年（2016年）8月8日、天皇陛下がＮＨＫテレビを通じて、直接国民に、その「お気持ち」を表明なさいました。文字起こしされたものの全文がこれです。

《戦後70年という大きな節目を過ぎ、2年後には、平成30年を迎えます。

私も80を越え、体力の面などから様々な制約を覚えることもあり、ここ数年、天皇としての自らの歩みを振り返るとともに、この先の自分の在り方や務めにつき、思いを致すようになりました。

本日は、社会の高齢化が進む中、天皇もまた高齢となった場合、どのような在り方が望ましいか、天皇という立場上、現行の皇室制度に具体的に触れることは控えながら、私が個人として、これまでに考えて来たことを話したいと思います。

即位以来、私は国事行為を行うと共に、日本国憲法下で象徴と位置づけられた天皇の望ましい在り方を、日々模索しつつ過ごして来ました。伝統の継承者として、これを守り続ける責任に深く思いを致し、更に日々新たになる日本と世界の中にあって、日本の皇室が、いかに伝統を現代に生かし、いきいきとして社会に内在し、人々の期待に応えていくかを考えつつ、今日に至っています。

そのような中、何年か前のことになりますが、2度の外科手術を受け、加えて高齢による体力の低下を覚えるようになった頃から、これから先、従来のように重い務めを果たすことが困難になった場合、どのように身を処していくことが、国にとり、国民にとり、また、私のあとを歩む皇族にとり良いことであるかにつき、考えるようになりました。既に80を越え、幸いに健康であるとは申せ、次第に進む身体の衰えを考慮する時、これまでのように、全身全霊をもって象徴の務めを果たしていくことが、難しくなるのではないかと案じています。

私が天皇の位についてから、ほぼ28年、この間(かん)私は、我が国における多くの喜びの時、また悲しみの時を、人々と共に過ごして来ました。私はこれまで天皇の務めとして、何よりもまず国民の安寧と幸せを祈ることを大切に考えて来ましたが、同時に事にあたっては、時として人々の傍らに立ち、その声に耳を傾け、思いに寄り添うことも大切なことと考えて来ました。天皇が象徴であると共に、国民統合の象徴としての役割を果たすためには、天皇が国民に、天皇という象徴の立場への理解を求めると共に、天皇もまた、自らのありように深く心し、国民に対する理解を深め、常に国民と共にある自覚を自らの内に育てる必要を感じて来ました。こうした意味において、日本の各地、とりわけ遠隔の地や島々への旅も、私は天皇の象徴的行為として、大切なものと感じて来ました。皇太子の時代も含め、これまで私が皇后と共に行(おこな)って来たほぼ全国に及ぶ旅は、国内のどこにおいても、その地域を愛し、その共同体を地道に支える市井(しせい)の人々のあることを私に認識させ、私がこの認識をもって、天皇として大切な、国民を思い、国民のために祈るという務めを、人々への深い信頼と敬愛をもってなし得たことは、幸せなことでした。

天皇の高齢化に伴う対処の仕方が、国事行為や、その象徴としての行為を限りなく縮小していくことには、無理があろうと思われます。また、天皇が未成年であったり、重病などによりその機能を果たし得なくなった場合には、天皇の行為を代行する摂政を置くことも考えられます。しかし、この場合も、天皇が十分にその立場に求められる務めを果たせぬまま、生涯の終わりに至るまで天皇であり続けることに変わりはありません。

天皇が健康を損ない、深刻な状態に立ち至った場合、これまでにも見られたように、社会が停滞し、国民の暮らしにも様々な影響が及ぶことが懸念されます。更にこれまでの皇室のしきたりとして、天皇の終焉に当たっては、重い殯（もがり）の行事が連日ほぼ2か月にわたって続き、その後喪儀（そうぎ）に関連する行事が、1年間続きます。その様々な行事と、新時代に関わる諸行事が同時に進行することから、行事に関わる人々、とりわけ残される家族は、非常に厳しい状況下に置かれざるを得ません。こうした事態を避けることは出来ないものだろうかとの思いが、胸に去来することもあります。

始めにも述べましたように、憲法の下（もと）、天皇は国政に関する権能を有しません。そうした中で、このたび我が国の長い天皇の歴史を改めて振り返りつつ、これからも皇室がどのような時にも国民と共にあり、相たずさえてこの国の未来を築いていけるよう、そして象徴天皇の務めが常に途切れることなく、安定的に続いていくことをひとえに念じ、ここに私の気持ちをお話しいたしました。

国民の理解を得られることを、切に願っています。》

テレビ放送を聞いた人々も感じたことでしょうが、この文章を読んでも、じつに素直にその思いを述べていらっしゃいます。

聞いた一般の国民としては、陛下がそこまでおっしゃっているのだから、退位して、思い通りにしてさしあげるのが当然ではないか、と感じたと思います。そういう国民の意見は80パーセント以上ではないでしょうか。

天皇が、こういうかたちで国民に直接向かってメッセージを出したということ自体が、やはり民主主義における象徴という、その新しい在り方だと思います。

たとえば、「天皇が国民に、天皇という象徴の立場への理解を求めると共に、天皇もまた、自らのありように深く心し、国民に対する理解を深め、常に国民と共にある自覚を自らの内に育てる必要を感じてきました」という文言があります。国民が自分のことをわかってくれるだけでなく、私のほうからも働きかけるという、相互性といいますか、そういう在り方をここでおっしゃっています。

本当に彼の言っていることを聞いていると、天皇としては全身全霊を尽くして務めを果たしたいと言っているわけです。だから摂政というのも嫌だということも明確におっしゃった。体が大変なのに、名前だけ天皇というのは耐えられないということですね。

だから、天皇の言っていることを、そのまま率直に受けたらいいと思うのです。もう5年くらい前からそういうお気持ちであるということは伝わってきていました。ご自身が手術もしているし、美智子さんだってもうあちこち体が痛いわけでしょう。お二人が、痛々しい感じでいろいろなところに行っていましたよね。あれも大変だと思いますよ。だから、ここで、皇太子に譲って退位したほうがよいというご判断をお示しになった。別に皇室典範を変えなくてもいいと思います。政府は、今回の天皇だけの特例法を作る方向で臨むようですね。

生前退位に関して、最初は7月13日のＮＨＫニュースで、次のように報道されました。

《天皇陛下は、82歳と高齢となった今も、憲法に規定された国事行為をはじめ数多くの公務を続けられています。そうしたなか、天皇の位を生前に皇太子さまに譲る「生前退位」の意向を宮内庁の関係者に示されていることがわかりました。

天皇陛下は、「憲法に定められた象徴としての務めを十分に果たせる者が天皇の位にあるべきだ」と考え、今後、年を重ねていくなかで、大きく公務を減らしたり代役を立てたりして天皇の位にとどまることは望まれていないということです。こうした意向は、皇后さまをはじめ皇太子さまや秋篠宮さまも受け入れられているということです。

天皇陛下は、数年内の譲位を望まれているということで、天皇陛下自身が広く内外にお気持ちを表わす方向で調整が進められています。》

ところが、この報道を、宮内庁が全面否定しました。

《宮内庁の山本信一郎次長は13日夜、ＮＨＫが最初に生前退位について報じた後に宮内庁内で報道陣の取材に応じ、「報道されたような事実は一切ない」と述べた。宮内庁として生前退位の検討をしているかについては「その大前提となる（天皇陛下の）お気持ちがないわけだから、検討していません」と語った。さらに「（天皇陛下は）制度的なことについては憲法上のお立場からお話をこれまで差し控えてこられた」とも話した。》

（朝日新聞デジタル２０１６年7月13日21時50分）

これはいかにも不自然なことで、天皇がおっしゃっているのに、「いやそんなことは聞いてません」と言ってしまったことになります。いきなりなんなんだろうという感じはありました。

やはり、天皇が国民に自分で直接訴えかけるということを、天皇ご自身が言ったのだと思います。ビデオを撮ってでも訴えたい、と。そういう意味では、国民の象徴であるとともに、これは新しいアプローチの仕方ですね。私はすごくよかったと思います。お言葉は、ごく自然な語り口で、法的な機微には一切触れないように、とてもよく考えて述べられたと思います。

「天皇の姿を通して神を見た」

こんどのお言葉の中に、「私はこれまで天皇の務めとして、何よりもまず国民の安寧と幸せを祈ることを大切に考えて来ました」「天皇として大切な、国民を思い、国民のために祈るという務め」と、「祈る」という言葉が2度出てきました。天皇というのは朝ちゃんと5時には起きて、神殿に行って国民のために祈るのです。それが一番重要な仕事なのです。天皇家というのは祭司の仕事です。

世界のどこの国の国王をとっても、祈るということが主要の仕事になっている国王はいないそうですが、それも当然です。普通の国家元首とか国王とは元々の性質が違うのです。天皇というのは、祈りの人なのです。

1945年、マッカーサーに会った昭和天皇は、「すべての責任は私にある。この身はどうなっても構わない。日本国民をよろしく頼む」と言いました。この時、「日本が他国を侵略するような戦争は二度としない。そういう戦力も持ちたくない」と、その意志を伝えています。いわゆる「戦争放棄」の宣言を、天皇自ら口にしたのです。後にマッカーサーはこの時のことを振り返って、「私はその時、天皇の姿を通して神を見た」と『回顧録』に書き残しています。軍人の最高位にいたマッカーサーは、厚木基地に降りたった時にはパイプをくゆらせ、何とも不遜な態度で日本に乗り込んだような人です。そんな彼の口から「神を見た」という言葉が飛び出すのは似つかわしくありませんが、彼は天皇に謁見して、理性や理屈ではとうてい説明のつかない崇高な何かに触れ、思わず「神を見た」と思ったのです。

さらに、マッカーサーは、1951年5月3日、米国議会上院の軍事外交合同委員会で行われた質疑応答で、こうも述べています。

《太平洋では、米国は日本を迂回しました。そして閉じ込めたのです。日本が抱える８０００万人に近い膨大な人口は、四つの島に詰め込まれていたということをご理解いただく必要があります。

そのおよそ半分は農業人口であり、残りの半分は工業に従事していました。潜在的に、日本における労働力資源は、量的にも質的にも、私が知る限りどこにも劣らぬものです。

いつの頃からか、彼らは、労働の尊厳と称すべきものを発見しました。つまり、人間は、何もしないでいるときよりも、働いて何かを作っているときのほうが幸せだということを発見したのです。このように膨大な労働力が存在するということは、彼らには、何か働くための対象が必要なことを意味しました。

彼らは、工場を建設し、労働力を抱えていましたが、基本資材を保有していませんでした。日本には、蚕を除いては、国産の資源はほとんど何もありません。

彼らには、綿が無く、羊毛が無く、石油製品が無く、スズが無く、ゴムが無く、その他にも多くの資源が欠乏しています。それらすべてのものは、アジア海域に存在していたのです。

これらの供給が断たれた場合には、日本では、１０００万人から１２００万人の失業者が生まれるという恐怖感がありました。したがって、彼らが戦争を始めた目的は、主として安全保障上の必要に迫られてのことだったのです。》

ＧＨＱのトップであったマッカーサーでさえ、日本は自衛のために戦争という挙に出たのだと認めているのです。

昭和天皇に会った時の、他の国の元首とまるで違う役割を果たしていることへの驚きが、マッカーサーの日本に対する認識を変えたのだと思います。

世界に類例のない君民共治の国・日本

アメリカの現職の副大統領、ジョー・バイデンが、２０１６年8月15日、ペンシルベニアで民主党大統領候補のヒラリー・クリントンの応援演説をし、「われわれが（日本を）核武装させないために日本国憲法を書いた。トランプ氏はそんなことも知らないのか。学校で学ばなかったのか。この判断力を欠いた人間は信用することができない」と語りました。これは、共和党大統領候補ドナルド・トランプの発言、「韓国も日本も核兵器を所有するべきだ。そうなればアメリカに頼らずに自分たちの問題を解決できる」に対する批判として発言したものです。米政府高官が、日本国憲法を「米国が起草した」と明言するのは極めて異例なことで、新聞などでも一斉に報道されました。

これは、一般的なアメリカ人の理解を示したものだと思います。

憲法を作る時に、日本人が誇りをもって再び立ち上がれないようにという意図がGHQのほうには明らかにあったと思いますけれども、日本人のほうも従順にそれに従うばかりではなくて、アメリカが作った憲法を、直すところは直して行く必要があります。

ただ、この憲法は本当に平和憲法です。世界の鏡となるような憲法だと思うのです。憲法第9条はいじらなくてもいい。自衛権まで止められてはいない。いざとなったときは自衛権の行使というのはできるわけですから。だから第9条はいじらなくてもいいのです。他のところで変えるべきところは変える、ということで行けばいいのです。

1979年に刊行された『日本人に謝りたい――あるユダヤ人の懺悔』(日新報道)という本があります。書いたのはモルデカイ・モーゼという方で、ウクライナ生まれのユダヤ人です。上海に亡命して、日本の国体、神道、軍事力の研究に従事し、さらに、1941年米国へ亡命しました。ルーズベルト大統領のニューディール派のブレーンとして活躍し、1943年頃から対日戦後処理の立案にも参画しました。戦後に何度も来日して、マッカーサーのもとで働いた人です。もちろん、日本語もよくできました。

この本のなかで、「世界に類例のない君民共治」ということが言われます。

《一般にユダヤ人が天皇制の類い稀な点を発見したのは、戦後の天皇とマッカーサーの会見の時であった。

天皇が開口一番、自分の事はどうなってもいいから国民を救ってほしいと切り出した時、マッカーサーは驚天せんばかりであった。この席にルソーが同席していなかったのが真に残念であるが、西洋の君主というものはそれこそマルクスのいう支配者、搾取者である。一般大衆は被支配者、被搾取者に甘んじなければならない。

西洋の君主は、大衆から収奪した莫大な財産をもっている。戦後GHQが天皇の資産16億円と発表した時、日本人はキョトンとしていた。つまり、GHQは西洋の君主並みに日本の天皇も収奪した財産をもっているはずであると考えたから、それを直ちに国民の前にみせつけたわけであろう。ところがこれを聞かされた日本人は一様に、そういう感覚の持主もいるのかと内心驚いたということである。しかし西洋の常識としてはこれは奇異でもなんでもなく、至極当然なことだったのである。》

ジャン・ジャック・ルソーという名前が出てきましたが、本書のクライマックスと言うべき、次の引用に、このフランスの哲学者が出てくるのです。

《日本民族のもつ最大の財産は天皇制である。これは全く世界に類例のない偉大なものであり、人類の理想とするものである。

かつてユダヤ人の大思想家でフランス革命に大きな思想的影響を与えたジャン・ジャック・ルソーは、かの有名な『社会契約論』で次の如きことをいっている。

「人もし随意に祖国を選べというなら、君主と人民の間に利害関係の対立のない国を選ぶ。自分は君民共治を理想とするが、そのようなものが地上に存在するはずもないだろう。したがって自分は止むを得ず民主主義を選ぶのである」

ここでいう君民共治というのは、君主が決して国民大衆に対して搾取者の位置にあることなく、したがって国民大衆も君主から搾取されることのない政治体制のことである。

ところがここで驚いたのは、日本人にこの話をするとみな不思議そうな顔でキョトンとする。私は最初その意味が全くわからなかった。しかし、だんだんその意味がわかってきた。日本の天皇制にはそのような搾取者と被搾取者の関係が存在しない、ということを私が知らされたからである。今度は私のほうが驚かされた。

日本人のためにちょっと説明しておくと、欧州でも、また最近追放されたイランの王室でも、君主はみな国民大衆に対しては搾取者の地位にあるものである。したがって、亡命するときは財産を持って高飛びする。これが常識である。だが、日本人の知っている限り、このようなことは君主制というものの概念の中には全く存在しないのである。

しかるに、ユダヤ人ルソーの思想は搾取、被搾取の関係にない君主制を求めているわけである。これは確かに理想である。しかし残念ながら、ルソーはそのようなものが実在できるはずもないからやむを得ず、民主主義を選ぶというものである。

私がルソーの時代に生きていたならば、ルソーにこういったであろう。「直ちに書きかけの社会契約論など破り捨て、速やかに東洋の偉大な君主国へ馳せ参ぜよ」と。

ここで非常に重要なことをルソーはいっているのである。今日本で絶対の善玉の神として一切の批判をタブー化されている民主主義というものは、ルソーによれば君民共治の代替物にすぎないということである。私が日本人を最高に尊敬するようになったのも、この天皇制というものの比類ない本質を知ったからである。》

このように、モルデカイ・モーゼさんは、古代からユダヤ民族の理想だったのは日本の天皇制なのだと書いています。

天皇が最大の野党

天皇の生前退位のご発言に戻りますが、最初の報道を宮内庁が否定したことで、どこから情報が漏れたのか、いろいろ憶測が流れましたけれども、そんなことを詮索しても意味がないと思います。天皇ご自身が、そういうことも見聞きしたうえで、いや自分はビデオで国民に直接話すと言った、そのことのほうが重要なのです。そこに宮内庁は反対できないし、政府だってそんなことに反対できません。反対したら朝敵になってしまいます。

安倍晋三首相の記者会見での表情も、困惑していると見せないようにしていて、あまりうれしそうな顔をしていません。彼は、自分の任期中、国会でやりたいことを一気にやりたいという思いがあって、生前退位のご意志をすんなり受けて、皇室典範の改正とか、改正の議論を始めるとか、ということになると、それが飛んでしまう。その点を心配したのではないでしょうか。もろ手を挙げて喜べないという、そういう困惑を感じました。

生前退位のニュースは、参院選が与党の圧勝に終わった直後のニュースでしたから、これも憲法改正をするための口実のひとつとして利用できるということで安倍さんが仕掛けたのではないか、などと、とんでもないことを言う人がいますが、それは話が逆というものです。

安倍さんが一気に国会で通そうとしている憲法改正とか、いろいろなことに対して、天皇がこういうようなご発言をしたら、皇室典範を考え直すとか、何か国会でやらなくてはならなくなる。現在の議論は延期になります。

だから、ひとつうがった見方としては、自民党にとって、安倍さんたちにとって、天皇こそが本当の意味での日本の野党ではないか、というぐらいの、かなり衝撃的なことであったと思います。

素直にこれを読めば読むほど、それを素直に受け取ってあげたらいいのではないでしょうか。それと同時に政府のほうも、今のところ、皇室典範を国会で審議する時間はないというか、そういう事情もあると思いますよ。そういうことで、特例法で対応しようというのは、今の政府としてはなるべく時間を使わずに、最小限の議論でうまく収めたいと考えていると思います。

女系天皇ではなぜダメか

皇位継承に関して、現政権の中にも「女性天皇」を容認してもいいのではないか、と発言した二階俊博幹事長のような人もいます。

一般国民にも、「男女平等なのだから、愛子様が天皇になってもいいのではないか」と考える人もいます。

この問題に関しては、小泉純一郎内閣の時に設けられた「皇室典範に関する有識者会議」が出した報告書の影響が小さくないと思います。2005年11月24日に提出されたものです。

《女性天皇及び女系天皇を認める。

皇位継承順位は、男女を問わず第1子を優先とする。

女性天皇及び女性の皇族の配偶者も皇族とする（女性宮家の設立を認める）。
永世皇族制を維持する。
女性天皇の配偶者の敬称は、「陛下」などとする。
内親王の自由意志による皇籍離脱は認めない。》

これに対して、『産経新聞』を除く各新聞（朝日、読売、毎日）は、おおむね好意的に評価しました。しかし、２００６年9月6日、秋篠宮様のところに悠仁（ひさひと）親王が誕生したことで、皇室典範改正法案の提出は見送られたものです。

悠仁親王が誕生した日、国会審議が行われていて、テレビ中継もあったのですが、耳元で誕生を告げられた小泉首相の「えっ！」という表情が全国に流れたのを記憶している人も多いはずです。これはもう神風が吹いたのと同じでした。

神武天皇以来、皇統は一貫して「男系」で続いてきたものです。どの時代のどの天皇も、そのお父さん、お祖父さん、そのまたお祖父さん、と、さかのぼって行けば、ついには神武天皇に至るということです。

現代の生物学用語で言うなら、男性由来の性染色体（Y染色体）が、延々と伝えられてきたということになります。

学校の日本史で、女性天皇が即位したことがあると習ったことがあるはずです。推古天皇を初めとして、持統天皇など十代8人の女帝がいました。二人の方が重祚（一度退位して再び位につくこと）なさったので、この数になります。江戸時代の二人（明生・後桜町）の他は、8世紀後半（奈良時代）までに集中しています。

この8人の女帝は、すべて天皇の子として生まれましたが、男子天皇と次の男子天皇の間をつなぐ「中継ぎ」の天皇でした。

明治時代の旧皇室典範も、現代の皇室典範も、

「皇位は、皇統に属する男系の男子が、これを継承する」

と定めています。天皇家に生まれた男子しか皇位につくことはできないということです。太古の昔から続く「男系」の皇統を法文化したものです。

2005年の有識者会議の報告に沿って、皇室典範改正が行われたら、まず間違いなく「女系天皇」を認めるものに変わったことでしょう。「女系天皇」はなぜいけないのか。

まず、ほぼ2600年、125代にわたり連綿として続いてきた、皇室の伝統が途切れてしまうのです。存続自体が貴重な民族遺産なのです。藤原道長も、平清盛も、織田信長も、

豊臣秀吉も、過去のどんな時代に権勢を誇った権力者たちでも、誰ひとりとして天皇になり替わろうとしなかった。こんな国は他にはありません。

わかりやすいので、愛子様を例にして「女系天皇」というものを考えてみましょう。

仮に、皇室典範を変えて、愛子様が天皇になったとします。先の女帝の例にも出てきたように、女性天皇はいらしたのですから、そのこと自体はありうることです。

愛子様が一般男性と結婚するということもありえます。今上陛下も皇太子殿下も、一般女性と結婚しましたから、それと一緒のことではないか、と「女系天皇」を容認する人々は主張します。

ところが、男のお子様が生まれた場合、その子のY染色体は、祖父、曾祖父、すなわち、今上陛下、昭和天皇にはさかのぼらないことになります。ここで、皇統が切れることになってしまうということです。

それ以上に、「女系天皇」は絶対にダメだという、大きな理由があります。

それは、「闇の権力」が、日本天皇家と合体したい、それを狙っているということがあるからです。

「闇の権力」の力を侮ってはならない

「闇の権力」とはいったいなんでしょうか？　「闇」と言われる理由は、実態がなかなかつかめないからそう呼ぶのですが、表向きは堂々たる研究所や大企業、資本家などからなっており、誰も「私が闇の権力者だ」などと言わないからです。それでも、私や私の仲間が、長い時間をかけて調べ上げ、それを公表し続けても、どこからも、誰からも、否定する発言がありません。

世界を裏で動かしている「闇の権力」を構成している勢力には、国際金融財閥、王侯貴族、英国の情報機関、アメリカの伝統的保守思想を持つ白人至上主義者などが含まれます。

ビルダーバーグ・グループ（Bilderberg Group）

ビルダーバーグ会議というものを定期的に開催しているグループですが、じつは、これこそが「闇の権力」の司令部と言ってもいいものです。米ソの冷戦が続く時代、西側諸国がかかえる問題を非公式に討論する場として１９５４年に設置されました。ビルダーバーグというのはオランダのホテルの名前で、第1回の秘密会議がそのホテルで開かれたことからこのグループ名がつけられました。

このグループがビルダーバーグ会議を主催します。その有力メンバーには、世界の大富豪であるヴィクター・ロスチャイルドやデイヴィッド・ロックフェラーも含まれています。私は、この二人ともお会いしてインタビューしておりますが、彼らは口を揃えて「世界は一つにならなければならない」と語りました。ワンワールドを唱えていたのです。話を聞いた時はその本当の意味はわからなかったのですが、その後彼らの言う「ワンワールド」とは、「力の道」「闇の権力」による世界統一政府を意味していたことに気がついたのです。もちろん、お二人とも、ごく穏やかな口調で、もの静かな印象を与えましたけれど。

このグループのメンバーは、世界の政治・経済の重要な地位を独占し、ヨーロッパ各国の首脳、NATOやEU、世界銀行トップの座を占め、圧倒的な影響力で世界政治をコントロールし、自分たちに利益をもたらす政策を行います。

ビルダーバーグ会議の初代会長は、ハプスブルク家出身のプリンス・バーナード（ベルンハルト）でした。オランダのユリアナ女王の夫君だった方です。私は、女王ともどもお会いして、食事やスキーまでともにしましたが、もちろん「闇」の雰囲気のかけらも感じさせませんでした。お二人とも2004年にお亡くなりになっています。

外交問題評議会(CFR=Council of Foreign Relations)

アメリカの政界、マスコミ界、実業界、教育界など、アメリカを動かすあらゆる分野の人が加わっている団体です。アメリカ人男性だけで構成されています。

アイゼンハワー大統領以来、歴代大統領や閣僚は、このCFRから送り込まれています。共和党・民主党の区別なく、この組織がアメリカ政府を動かしているのです。キッシンジャー、ブレジンスキー、シュレジンジャーなど、ホワイトハウスの歴代ブレーンもこの組織から送り出されました。ジョン・F・ケネディ暗殺の原因の一つに、ケネディがこの組織に不信感を抱き対立したことが挙げられることがあります。『フォーリン・アフェアーズ』という機関誌を発行しています。

これらの組織が緊密な連携をとって、世界政治を動かしている、という現実をまず認めなければなりません。

この「闇の権力」のことは初めて聞いたという方も少なくないかもしれません。そんなに強力な機関の活動が、なぜ、どこの新聞にもテレビ番組にも出てこないのか、という、当然の疑問を感じる方も多いはずです。

「闇の権力」は、マスコミも金融も牛耳っている組織です。西側のジャーナリズムは、表立って「闇の権力」のことを話題にできないのです。私のように、どこの組織にも属さず、独自の取材を進めることのできる者だけが、声をあげ続けなければならないのです。

「闇の権力」が、天皇家との合体を狙っていると言いました。ロスチャイルド家に近い人から私は直接に聞いています。

皇太子に女の子しかいないのは、彼らにとって一番のチャンスなのです。もちろん、金髪碧眼(へきがん)の白人がすぐに寄ってくるわけではありません。日本人で、「闇の権力」の支配下にある人がいくらでもいます。それと知らずに「闇の権力」の協力者になっている人もいっぱいいます。

いちばん大事なことは、女系天皇でもいいなどという人は、闇の権力の怖さを知らない人だということです。そこは、いくら強調してもしすぎということはありません。

第2章

天皇家と「裏天皇」の系譜、そして中丸薫の歩み

「裏天皇」としての父、堀川辰吉郎

ちょうど、この文章を書いている時、京都で、私の父、堀川辰吉郎に関係のある方々も集う会に招待されました。場所は、光格天皇（在位1780－1817）の旧仮皇居であった聖護院御殿荘光淳です。ここでの御神事に行ってまいりました。

そのとき見せられた文章が次のようなものでした。

《大日本皇道立教会は、堀川辰吉郎が二十歳になった一九一一年に設立され、堀川辰吉郎に〝裏天皇〟として仕え守護した政治的秘密結社である。

この大日本皇道立教会は〝尊王愛国の精神〟による〝天皇中心主義〟を理念としています。彼らにとっての天皇は当然、裏天皇である。

明治維新の中核的存在だった天忠党の総督であった中山忠伊（ただこれ）の子、忠英によって、後継団

父、堀川辰吉郎

千種任子

体の大日本皇道立教会が設立された。中山忠英は光格天皇の孫にあたる。》

この会には、歴史的にたいへん有名な方々が名を連ねていました。「裏天皇」とはどういうことなのか。いま、「闇の権力」が乗っ取りを狙っている天皇家の歴史と神国・日本のルーツについてお話しする前に、まず、私の父のお話をいたしましょう。それが、私がなぜ、今回の「生前退位」問題について発言するのかの、一見遠回りではありますが、実は最も説得力ある説明になるからです。

私の父、堀川辰吉郎は、明治12年8月31日に生まれました。この日は、後の大正天皇がお生まれになったちょうど同じ日です。しかも、辰吉郎も皇居で生まれたのです。

明治天皇には、皇后（昭憲皇太后）のほかに幾人もの側室がいました。皇位継承者を絶やさないための制度として、その頃まで続いた後宮制度があったのです。大正天皇をお産みになったのは、よく知られているように、柳原二位局（にいのつぼね）という側室です。堀川辰吉郎は、他にも何人かいらした側室のうち、千種任子（ちくさことこ）という方が産みました。大奥の対立を避けるために、千種任子の子どもは、秘密裏に、別の女性のもとで育てられることになったのです。

長じて、玄洋社の頭山満(とうやまみつる)の薫陶を受けた堀川は、かねて、中国に革命を起こそうと兵を起こしていた、孫文の協力者になりました。

1900年6月、義和団事件が起きます。この機会を逃さじと、孫文は挙兵しますが、計画の不備と武器不足とでたちまち敗走します。その時、辰吉郎は、その首に孫文と同額の懸賞金が懸けられていたといいます。孫文と辰吉郎は手を取り合って敵中を逃げたそうです。追っ手の清(しん)兵をかわすために、クリーク(水路)の水中に身を潜め、葦の茎で息を吸いながら数十分を耐えた、というのもこの時のことです。

1925年に孫文が志なかばで北京で亡くなったあとも、孫文の理想を受けついで働いていました。

ところが、日本の対中国政策は、彼の意志に反して露骨な侵略政策へと進んでいきます。満洲国建国の時の欧米諸国の非難に対して、列強の横槍だと、日本の世論は沸騰しましたが、父は「いまとなっては、遅まきながら国民一体となって、日中両国百年の親和のために、国家の大計を立てるほかはない。まず、日本が思い切った譲歩をすることだ」と、きわめて冷静な判断を示したということです。当時のサンフランシスコの『日米時報』が、その堀川の論を報じています。

満洲建国後、中国の民族主義団体「紅卍字会」の会長に推されて就任したのも、日本軍閥の専制に対抗するためでした。

私の産みの母、中島成子は抗日救国運動の激化する中国にあって、難民救済事業に献身していました。私が生まれて45日目に盧溝橋事件が起こります。中島成子は関東軍の要請で、中国各地に割拠している地方軍閥の将領たちを抑えるために北京を旅立つことになります。彼らに対して隠然たる影響力があることを関東軍は理解し、利用しようとしたのです。生後45日の私は、当時北京大学教授であった松村正之とその妻ちかに託されました。高校生になるまで、この育ての親たちが自分の両親でした。まったく疑わずにそう思っていました。6歳まで住んだ、北京の紫禁城の中の家というのが、松村のうちでした。

堀川辰吉郎は、戦後も、1951年の世界連邦政府大会に日本民間代表として出席したり、同年調印にこぎつけたサンフランシスコ講和条約会議の舞台裏の工作に奔走したりしました。1965年12月19日、波瀾に満ちた87歳の生涯を終えました。築地の本願寺で行われた葬儀は、ごく内輪でということでしたが、鳩山薫夫人や、政財界人、そして台湾から孫文の遺児、孫科氏が参列してくださいました。

父には、生前何度も会って、いろいろな話をしてもらいましたが、財産とか、そういうも

父・堀川辰吉郎と著者

育ての親・松村の両親と著者

のは何も残しませんでした。

ところが、のちに（1976年頃）、私が私の今生での使命を自覚する目覚めに導いて下さったS先生とお話ししていた時に、不思議なことが起こりました。その亡くなった父が突然現れたのです。私と話していた先生が、「あ、いまカイゼル髭の方が現れて、自分はあなたのお父様だとおっしゃってますよ」と言うのです。「あの世に帰って、初めて、薫が（中丸薫が）、人間復興を通しての世界平和、というのを使命として生まれてきていた、ということがわかった」と言っているというのです。「親らしいことが何もできなくて申し訳なかった」と言っているというので、私は「これからどういうふうにしてやっていけばいいのかしら」と聞きました。そうしたら「今のまま進めなさい。天には全部用意してあるから、今のまま心の浄化だけを進めてやっていきなさい」という答えでした。

20年ほど前、香港へ行った時にも不思議なことがありました。ある方からこんな話が持ち込まれたのです。

「中丸先生をずっと探している方が中国にいます。孫文の片腕だった方で、お父様から預かった長持24棹（さお）をお返ししたいと言ってます」と言うのです。まず、父は、孫文を助けるために中国に渡る際に、明治天皇から頂戴した鎧兜などをはじめ、手にある宝物をすべて中国に持っていったらしいのです。それが長持24棹です。さらに、清の皇帝が倒れた際に残された歴代皇帝の遺物、それも、一級の宝物だろうと思います。それらを全部、長いトンネルのようなものを掘って埋めてあったようです。「やがてこれを全部薫に渡してほしい」と父が、紫禁城の松村に私を託した時、その方に預けたのだといいます。

「それが残っているから、中丸先生にお渡ししたい」ということだったので、深圳でその方とお会いしました。品物の目録ができていて、9人の人のハンコがついてありました。

「これは全部、日本のプリンセス中丸が財団を持っているから、そこを通してしかお金にはなりません」ということが天上からのメッセージでもあるということでした。目録の書面は、私がいただいて持っています。

中国共産党政府も、そういうものを見つけてなんとか世界平和のために使おうと、やっきになって探したそうです。戦争が終わって60年経っていましたが、その宝探しで、3千人くらいの人が命を落としたということです。

書面を持ってはいますが、時が来たら受け取りにいきます。父が残した、自分のものだけを取りに行くのだって、特別機でも仕立てないといけません。

30年ほど前、天にすべて用意してある、と、霊を通して父が言ってくれたのはこのことだったか、と現在は思っています。

心の師と神秘体験

先ほどS先生のことについて触れましたが、このS先生のことや、その後の私の目覚めを促した神秘体験については、何度かさまざまな著書で紹介してきました。現在につながる私の活動の「原点」がここにあるので、ここでも簡単に触れておきます。

私の半生記『太陽を追って』が文藝春秋から出版されたのは、1975年のことでした。そのとき私はまだ40歳にもなっていないなかったのに、そういう自叙伝を書くことになったのには、いくつか理由がありました。それより前、1973年から、東京12チャンネルで日曜日の朝10時から「中丸薫・世界の主役」という番組を持って、毎週、世界のトップリーダーとのインタビューを放映していたのです。ヨルダンのフセイン国王、パキスタンのブット首相、スウェーデンのパルメ首相など、政治指導者のほか、イブ・モンタン、ジャンヌ・モロー、ライザ・ミネリ、アンディ・ウィリアムズなど、映画や舞台で活躍中の「主役」たちの生き方や考え方を紹介する番組でした。

それを見た出版社の人たちが、「あの物怖じしない司会者は誰だ？」ということになり、私が明治天皇の孫にあたるということもわかって、それで執筆を依頼されたのでした。

その本の出版記念会が、翌年2月、帝国ホテルの「孔雀の間」を借り切って開かれました。ヨルダンのフセイン国王や、福田赳夫総理大臣など著名人15名が発起人になってくださり、本の巻頭に推薦文を寄せてくださったエドワード・サイデンステッカー先生、当時日本ペンクラブの会長だった芹沢光治良（せりざわこうじろう）先生たちが挨拶してくださいました。また、当時、自民党の幹事長だった中曽根康弘さんが飛び入りで挨拶をしてくださるというハプニングもありました。

そのパーティーで、旧知の、ある新聞社の論説委員の方が、読んでいただきたい本があるとおっしゃいました。その翌日、数冊の本を私の事務所に届けてくださったのです。それが先ほどお話ししたS先生のご著書でした。そこには「輪廻転生」や「永遠の生命」について、S先生が悟りにいたるプロセスが克明に描かれていたのです。それを一気に読んだ私はこの著者にすぐにもお会いしたくなりました。その紹介者がアポイントメントをとってくださってお目にかかることになりました。

この出会いが、私のその後の生き方を根底から変えるできごとになりました。

S先生は、幼少の頃から特殊な霊能力を自覚なさって、ご自身で精進してこられたのですが、当時は、政財界・学界の著名人が精神の学びのために氏のもとに集ったといいます。「この本には不思議なことがいろいろ書かれていますが、なぜかすべてが自然に私の心に入ってきました」とお伝えしました。

「それは当然です。あなたの身体から、いまたいへん強い光が出ています。もうすぐあなたご自身が、ここに書いたようなことを体験します」と不思議なことをおっしゃるのです。

そのあと、そばにカイゼル髭の方がここにいらっしゃっています、というお話になって、父・堀川辰吉郎の話を取り次いでくださったというわけです。

「これからは、心の浄化をしていってください。そうすればきっとあなたの設計図ははっきりした形になっていくでしょう」と、その会見の最後にS先生はおっしゃいました。設計図とおっしゃっていたのは、私が、「人間復興を通しての世界平和」はどうしたらできるだろうか、と常に考えていたそのことでした。

光の柱に貫かれる

S先生に初めてお会いした1か月後、私はアラブ首長国連邦を訪問していました。ペルシャ湾南岸の都市に新空港が完成し、その祝典に国賓として招かれていたのです。1976年3月11日のことです。

その夜、欧米各国の特別ゲストとは別に、私は、連邦の7人の首長とともに、晩餐会に招かれました。アラブでは、女性は黒い衣服を身につけ、顔はベールで覆うことになっているのですが、私はいつものロングドレスで出席していました。

ザイド国王に謁見するために私はテントに案内されました。アラブでは正式な会議はテントで行うのが砂漠の民の伝統です。玉座にゆっくりくつろぐ国王のそばに、ロンドンから帰国なさったばかりの皇太子が座り、通訳を務めていました。その席で、ザイド国王は意外なことを私におたずねになりました。

「もし私が死んだら、私の魂はどこへ行くのでしょうか」

私は、国王の目をまっすぐに見つめながら、少し考えるように深く息を吸い込みました。

やがて私の口からは「魂は永遠です」という言葉が出ていました。

そして、ちょうど1か月前、心の師に出会ったこと、輪廻転生があると私が確信したことをお話ししました。

「あなたはそれを証明できますか」

「残念ながら今はできません。いつか、いえ、今度お会いするときにはきっと証明できるでしょう」と答えていました。

その席を離れると、急に、大地の上で祈りたい衝動に駆られました。

すでに夜はすっかり更けていました。ホテルへ送ってくれた国賓専用車の運転手さんに祈りを捧げられる場所に案内してくれるようお願いしました。彼は、怪訝な顔もせず「いいところがあります」と言って、砂漠の中を1時間ほど走りぬけ、オマーンとの国境に近いラスアルハイマの海岸に到着しました。

深い夜のしじまに月明かりだけが白い砂浜を弱く照らしているだけです。私は、砂浜の一隅に、ドレスの裾をあげて腰を下ろし、結跏趺坐(けっかふざ)を組み、呼吸を整えてゆっくりと瞑想に入りました。

「人間とは何だろう」

「何のために私たちはこの世に生まれてきたのだろう」

「私の人生の使命は何なのだろう」

いつも胸に抱いているその問いをひとつひとつ問いかけていました。その時です。アラブ海をまっぷたつに割るような稲妻が走りました。そして、「バーン!!」という大音響とともにカミナリが落ちたのです。海に向かって右方向のオマーンとUAEとの国境の山のほうに次々と稲妻が光りました。私たちのいる砂浜の周辺にも次々とカミナリが落ち始め、近くにあった立ち木が轟音とともに真っ二つに裂けました。

そのものすごい光景を目にしても、不思議なことに私は少しも恐怖を感じていませんでした。ただ、身につけていたダイヤの指輪二つと、ダイヤがはめ込まれたローレックスの腕時計がとても窮屈に感じられ、なんとなくはずしていました。私はこう祈っていました。

「もし、私に使命というものがあるならば、神は私の命を助けてくださるでしょう。もし、私に使命が何もないならば、私の命をすべてあなたにゆだねます」

アラビア半島で瞑想する著者

つぎの瞬間です。真上から直径50センチほどの「光の柱」が落ちてきて、私の身体を貫いたのです。ものすごい衝撃とともに轟音がとどろき、私は思わず「あっ」という声をあげていました。落雷の直撃ならば間違いなく即死のはずです。ところが、私は、心が光に満たされた不思議な感覚に包まれたのでした。座禅を組んだ瞑想の姿勢のまま身体が浮揚したようにさえ感じられたのです。その浮遊感の中で、自然に目を閉じると、眉間の「第三の目」といわれるあたりが光りはじめ、ダイヤモンドの輝きのような強い光線が通ったのです。私は心地よさに包まれ、天上界に行くときはこういう感覚なのだろう、と思えたほどでした。

そこに今度は、突然激しい雨が降ってきました。ハッとわれに返った私は、いそいで指輪や時計をバッグに入れ、土砂降りの雨の中を車まで走りました。

ところが、車に乗ってホッとしたのもつかの間、たった今までの激しい雨もカミナリも、ウソのようにおさまっているではありませんか。「今のはいったい何だったのだろうか」と不思議な思いが残りました。

車が動き出してすぐに「ああ、あのダイヤモンドがない」という感覚がおそってきたのです。バッグを開けると、入れたはずの二つの指輪と腕時計がやはりありませんでした。その時、私の胸の奥に、どこからか声が聞こえてきたのです。

「あなたにはダイヤモンドはもう必要がありません。あなたはずっと世界は一つ、人類の心は一つと言い続けてきたではありませんか。それがいま、心の中でダイヤモンドの光に負けない、燦然とした光を放っているからです」

私の心は、とてつもなく大きな充足感に満たされておりました。

ホテルに戻ると、私はその体験を一刻も早くS先生にお伝えしたいと思いました。東京が今何時か、時差のことなど吹っ飛んでいました。直接電話に出られた先生は、まだ私が何も話さないのに、私に何が起きたのか、すべてをご存じだったのです。

「あなたはいまアラビア半島にいらっしゃいますね。心が調和して、とても精妙な波動になっています。あなたは、自分の命を含めてすべてを天にまかせたので、天はあなたに光を与えたと言っています。あの光は、かつてモーゼとアポロンに与えた光と同じだと言っています。これからは、さらに心を浄化してあなたの使命を果たしてください。もう、あなたもわかっている通り、あなたの使命は意識改革を通しての世界平和、世界統一です。神はいつもあなたと一緒にいます」

私は、この不思議な体験によって、目に見えるものがすべてではないこと、たしかに神は存在することを、自分の身体を通して実感したのです。ものを失った時の清々しさを、その後私は幾度か体験することになります。目の前の物質がその姿を消すことによって、自分が求めていたものが目に見える形ではなく、それを作っている意識のほうだということが次第に理解できるようになったのです。

もっと教えていただくことがたくさんあったにもかかわらず、私が出会ってわずか4か月後、S先生はこの世を旅立ちました。6月25日、48歳のことでした。亡くなる前にお会いした時、こんなふうにおっしゃいました。

「私は48歳であの世に帰らなければなりません。私はあなたを待っていました。あなたはなかなか現れてくれませんでした」

短い期間でしたが、私が自分の使命に気づく、という、心の原点に還ることができた貴重な出会いでした。感謝とともに、永遠に忘れることができません。

私の歩み、私の使命

こうして、心の師に導かれるようにして、私は私の使命に気づくことができました。その時までも、それから以後も、「世界は一つ、人類の心は一つ」と信じて歩んできました。振り返ると、私の人生の歩みは、まっすぐに「世界は一つ」の方向を目指して進んできた道であったという思いは、近年ますます強いものがあります。

少女の頃から、私は遥かな海のかなたの国々へ思いを馳せていました。日本がどういう国であるかを知るためにも、他の国々のことを知りたい。できることなら行ってみたい。そして、世界の国々のために私は働きたい。中学生の頃に抱いた私の夢は、その後、ほぼすべてかなえられることになりました。

少女時代を甲府で過ごした私は、高等学校は東京都立小石川高校に進学しました。そうして、日本の大学にはあきたりず、アメリカの二つの大学に入学の申請をし双方から入学許可をもらいましたが、サイデンステッカー先生のおすすめもあり、ニューヨークのコロンビア大学に進学しました。サイデンステッカー先生もコロンビア大学の卒業生であり、のちにそこで教鞭をとりました。私は、その、コロンビア大学大学院国際政治学部を1963年に卒業しました。卒業論文のテーマは「中国における人民公社の所有制度」というものです。後年、私の国際政治評論家としてのキャリアの出発点になった、中国政治への関心は大学生の頃からのものだったのです。

ニューヨークで大学生活を送ることができたことが、その後の、私の人生という旅をどんなに豊かにしてくれたことか、思い半ばに過ぎるものがあります。

コロンビア大学で国際政治の理論を学んだ後、なんとも不思議なご縁で、東京の小さな梱包機械メーカーの海外法人の責任者になりました。日本の商社やメーカーの海外進出が盛んになるよりも、ずいぶん前のことですから、言うに言われない苦労がありましたが、なんとかスイスに現地法人を設立するところまで進めることができました。国際ビジネスの世界に飛び込んで、世界中を飛び回り、世界の現実をこの目で見、肌で感じ、他では学べない数え切れぬほど多くのことを学ぶことができました。5年間、わき目もふらずに働きつづけました。その間に、中丸忠雄という生涯の伴侶を得、二人の子供にも恵まれました。そろそろ、もう一度本来の自分のテーマに戻り、国際政治評論の道を歩もうと決心したのは1968年春のことです。中国をめぐる国際社会の動きが活発になってきたことがきっかけになりました。その年5月、機械メーカーを退職しました。

1971年、私は『対米外交・対中外交』という国際政治評論集をサイマル出版から出しました。キッシンジャー国務長官やニクソン大統領が日本の頭越しに中国を訪問しだしたときです。

この本の出版が、その後の私の国際ジャーナリストとしての仕事を強力に後押しすること

日本ペンクラブの会員たちと
（左端がサイデンステッカー先生、中央が川端康成先生、
右から２人目が芹沢光治良先生）

マスコミで活躍しはじめた頃の著者
クウェートでブルカを被った女性たちと

になります。

『対米外交・対中外交』の出版記念パーティーの参加者の顔ぶれは、その後長く語り草になるほどの華やかなメンバーでした。

まず、発起人に岡崎嘉平太（当時、日中覚書貿易事務所代表、元全日空社長）、東畑精一（税制調査会会長、元東大教授）、佐橋滋元通産事務次官、ロベール・ギラン（フランス『ル・モンド』紙東京特派員）の皆さんです。出席してくださったのは、富士銀行会長・岩佐凱実（よしざね）、三井物産相談役・水上達三、三木武夫代議士など、他に、ハンガリー、ルーマニアなど東西両陣営の国の大使・公使100名が参加してくださいました。こんなに多彩なメンバーが一堂に会することは日本では珍しいと、そのゲストの方々のほうが話題になったのです。

それを知ったテレビ局から話があって、世界の要人たちにインタビューして番組を作ろうという提案があったのです。「中丸薫と世界の104人」というタイトルも決まり、週1回の放映で104回のシリーズになるはずでした。インタビューする相手をリストアップし、私のそれまでつちかったありとあらゆるネットワークを通じて、次々にアポイントを取り付けて、取材の下準備を兼ねてニューヨークへ先発しました。テレビクルーは後から追いかけることになっていました。ところが、スタッフが予定の日になっても到着しないので、不審に思って東京へ電話しましたら、スポンサーに会うため、いったん東京へ帰ってきてほしいと言うのです。唖然としました。すでにアポイントをとった相手は、すべて世界のトップの人たちです。こちらの都合で「すみませんが、後日にお願いします」と言って済ませられる相手ではありません。意を決して、すべて自分ひとりでインタビューをこなすことにしました。それから6か月にわたる苦労は言葉で言い尽くせるものではありません。ただ、夫の中丸忠雄が、私を励まし続け、俳優としての仕事を一時なげうって私と一緒に働いてくれたのです。

一個人が、テレビの30分番組を104本分も自費で取材・撮影するのは、今だって並大抵のことではありますまい。でも、夫が支えてくれたおかげで、曲がりなりにも、約束した人たちの取材だけは終えることができました。ワルトハイム国連事務総長、ギリシャの大富豪オナシス、イタリアの女優ジーナ・ロロブリジーダなど、錚々たる面々でした。彼らの信頼を裏切らずに済んだというささやかな満足感が私のほうには残りました。ただ、制作費を捻出するために、自宅を抵当に入れて銀行からお金を借りる羽目におちいりました。当時は1回の送金の限度額が20万円だったので、日に何度かに分けて送ってもらいました。その費用で、現地カメラマンやクルーを雇ったのです。ところがカメラマンの無能力を見抜けず、撮影したフィルムをいざ現像したら、ほとんど使えないというおまけまでつきました。

しかし、この苦い苦い経験も、次のステップへの跳躍台になりました。紆余曲折の末ですが、1973年1月から1974年9月まで「中丸薫・世界の主役」という番組がテレビ東京をキー局にして始まったからです。その後、テレビ朝日の「ワールド・ナウ」、ふたたびテレビ東京の「世界を動かす100人」といった番組を通して、合計200人もの「主役」たちに会ってきました。訪れた国の数も186か国に及びます。

ニューヨークに拠点を作る

こうして、マスコミの世界に身を投じて全力投球を続けているうちに、前にお話ししたとおり、自叙伝の出版があり、それが縁で、心の師に出会い、さらには、ペルシャ湾での神秘的体験を通じて、自分に課された使命を強く自覚するにいたりました。あまりにも忙しすぎるマスコミの喧騒から逃れて、自分の心と向き合う時間がもっと必要だ、と考えるようになったのは、私にとってはごく自然の成り行きというものでした。S先生は、

「あなたの信じる命の道、人間復興のうねりは、やがて日本から起きてくる」

と語ってくださいました。

そのための土台づくりをまずニューヨークから始めようと思っていました。日本から世界へ橋を架けるといっても、実現には困難が伴います。その点、世界中の人々が集まるニューヨークなら、その可能性は高いと思ったのです。日本におけるマスコミの仕事を整理すると、なつかしいニューヨークへと飛び立ちました。学生時代を過ごし、新婚時代を過ごしたなつかしい街です。私の第2の故郷ともいえる場所です。

ニューヨークに事務所をかまえた私は、その翌日から、各国の大統領、国家元首、各分野のトップリーダーたちに積極的に会いに出かけました。今度は、強い使命に基づいた「世界は一つ」という私の思いをかたちにするためのヒントを、さまざまな人々の意見を聴くことで得たいと思ったのでした。ときには、自宅に人々を呼んでパーティーを催したりもしました。いろいろな人々と意見の交換をするうちに、やがて、そのための財団法人を作るのがいいだろうということになりました。今度は、世界平和を求める財団づくりという明確な趣旨があります。多くの人々が理解を示し、皆さんが快くサインをしてくださいました。

やがて、全米380局を持つ、PBSネットワークという公共テレビが、またインタビュー番組を制作してくれることになりました。私自身の目的は、すでに明確に位置づけられていましたから、その番組を制作するなかで、自身のプロジェクトを平行して進めることができました。

そのインタビューでも、たくさんのトップリーダー（主役）たちにお目にかかることができました。その中のごく一部を67頁に表にしておきます。

仕事を終えたあともお付き合いが続く方も少なくありません。私のプロジェクトを支援してくださる方々にも多くめぐり会えました。

おかげさまで、念願の財団法人「国際問題研究所（The International Affairs Institute for World Peace)」は、１９８５年アメリカで認可されました。これで、ようやく私のライフワークのスタートラインに立てた、という大きな感慨がありました。

世界平和のシンポジウム

ニューヨークに新しい拠点を置くことにしたのは、そこに国連本部があることに加えて、コロンビア大学・大学院時代の知己がたくさん近辺で活躍しているのも理由の一つでした。

１９８９年５月23日に、ニューヨークで第１回の「世界平和のためのシンポジウム」を開

中丸薫がインタビューした世界のトップリーダーたち（一部）

◇王室関係
フセイン国王（ヨルダン）
レーニエ大公（モナコ）
クリスティーナ王女（スウェーデン）
パーレビ国王（イラン）、など

◇政治家
ムバラク大統領（エジプト）
サダト大統領（エジプト）
フォード大統領（アメリカ）
インディラ・ガンジー首相（インド）
ブット大統領（パキスタン）
アミン大統領（ウガンダ）
ツァツォス大統領（ギリシャ）
カダフィ大佐（リビア）
エドワード・コッチ市長（ニューヨーク市）、など

◇財界人
デイヴィッド・ロックフェラー
ナサニエル・ロスチャイルド
ペプシコ社長
ディズニーワールド社長
オクシデンタル石油社長
GM社長
ニューヨーク証券取引所会頭、など

◇学者
アーノルド・トインビー（歴史）
ジョン・ガルブレイス（経済学）
ジェイムズ・ワトソン（生物学）
江崎玲於奈（物理学）、など

◇作家・芸術家
ノーマン・メイラー（作家）
アレックス・ヘイリー（作家）
アーサー・ヘイリー（作家）
フランソワーズ・サガン（作家）
ヘルベルト・フォン・カラヤン（指揮者）
バーナード・リーチ（陶芸家）
ピエール・カルダン（デザイナー）
オスカー・デ・ラ・レンタ（デザイナー）
イヴ・モンタン（歌手）
カトリーヌ・ドヌーヴ（女優）
アンソニー・クィン（俳優）、など

催するため前年から準備にかかりました。日本に帰国して、日本のスポンサーを探すことにしました。旧知の福田赳夫総理大臣に開催賛同の誓約書にサインをもらいに行きましたら、サッとサインしてくださいました。傍らにいらした、当時の政調会長・安倍晋太郎氏（安倍晋三総理大臣の父上）に「安倍ちゃん、この中丸さんはぼくの25年来の友人だから、サインしてあげて」と言ってくれて、安倍晋太郎氏のサインももらうことができました。

そのおかげで、当時の26省庁全部の官房長・事務次官にお目にかかって趣旨を説明し、賛同をしてくださるようお願いをしました。その方々が仲立ちをしてくださって、経済界、自動車業界、製造業界を初めとした、各種団体の協賛を取り付けるまでにこぎつけました。当時、すでに経済大国になっていた日本ですから、行く先々で、「できるだけ応援します」という快い賛同をいただき、多くの財界人からご支援をいただけることになりました。

こうして、なんとか資金のメドもつき、ニューヨークに戻り、会場としてセントラル・パークのすぐ前のプラザ・ホテルと、前日の記者会見の場として、国連本部の一室を借りることにしました。

国連本部のひと部屋を借りて、１００か国くらいからの記者団を集めて記者会見を催すことにしたのはよいのですが、一個人が借りるというのはやはり異例なことのようでした。当時は、国連大使は加賀美秀夫氏で、外務事務次官は村田良平氏でした。加賀美大使のアドヴァイスもあって、本省の村田次官から国連に対して電報を打ってもらい、それでようやく一部屋借りることができたのです。

その記者会見は「世界平和とワンワールドを求めて」と題するものでした。人間にとってもっとも悲惨な戦争を引き起こす根本的な原因を追究し、精神的な人間復興を進めていこう、という私の呼びかけに賛同してくれる記者ももちろんいましたが、なかには、かなりシビアな質問も飛びました。それにもまして「日本の一民間女性がたった一人の意志でこれだけ大きなことをするとは信じられない」という意見が多くありました。

それより2か月ほど前、シンポジウムの最後の調整に忙殺されていた私のもとに日本の大蔵省から電話が入ったのです。

「中丸先生、日本の法律が変わって、外国でやるシンポジウムに協力するお金は免税の対象になりません」というものです。これでは、協力を約束してくれた企業からの送金はなくなった、ということです。私は、一瞬耳を疑いました。準備はほぼ整っているのになんということでしょう。しかし、私は、いつもの通りすぐ気を取り直して考えました。「これは私への試練なのだ」。予定していたお金は出ない。「それでもこれをやっていくのかどうか」。神は私にそう問いかけているのだと思いました。

一瞬考えたのち、日本の取引銀行に電話をかけていました。自分の借金でまかなうことに即決したのです。

さて、1989年5月23日シンポジウム当日です。会場は世界各地からつめかけた人々でいっぱいになりました。基調講演は、『ルーツ』の著者アレックス・ヘイリーでした。「人生は人に何を教えるか」というテーマで問題を提起してくれました。また、パネリストとしては、世界の紛争解決の理論を体系づけ、精神的な分野でも活動を続けるジョン・コールマン博士も参加してくれました——このコールマン博士は、イギリス生まれで、情報機関の将校経験者ですが、「闇の権力」の存在を世界に知らしめた第一人者ともいうべき人です。1969年にアメリカに移住・帰化しました。

作家のアレックス・ヘイリーさんには、この4年前ニューヨークで親しくお話をうかがう機会がありました。その時、ヘイリーさんがおっしゃった言葉で忘れられないものがあります。

「人生にムダな経験は何ひとつない。すべての体験は、強靱な魂の糧（かて）となる」というものでした。

シンポジウムは大成功のうちに終了しました。私はホッと肩の荷を降ろした思いがしました。そうして、心から感謝をしました。緊張が解けると、頭の痛い問題が残っていることにいやでも気がつきます。そうです。シンポジウムのために銀行から借りた多額の借金の返済です。月々の利子の返済だけでも容易な額ではありません。私は、家族に相談し、日本の自宅を手放すことにしました。日当たりのよい、庭のある家は、家族との大切な思い出のある場所でしたが、そのとき子どもたちは二人ともアメリカに留学中で、その子どもたちの面倒をみてくれた姑も、すでに見送ったあとでした。

「あの家の使命はもう終わったのよ。お金はいま必要なものに使えばいいのだから、ママの新しい目的に向けてまたみんなで頑張ろうよ」

夫も子どもたちも、そう言って私を励ましてくれたのです。私はこの家族を、心から誇りに思っています。

世界宗教会議

1995年10月21日、ニューヨークの聖ヨハネ教会で開催した「21世紀のビジョンと宗教会議」のことにも触れておかなければなりません。

あるとき、私は、アトランタで開かれた全米クリスチャン大会に招かれ、世界平和のための基調講演を行ったことがあります。その時、キリスト教の過激派のメンバーの発言が胸に強く残ったことに起因しています。

「神の王国の憲法は、旧約聖書と新約聖書のみであり、それ以外は悪魔の教えです」

こういうドグマが多くの宗教戦争を引き起こし、戦う信徒たちは聖戦だと信じ、自らの立場を常に正当化してきました。

「お互いに愛し合いなさい」とキリストは言ってます。それなのに今は480セクトでも間に合わないぐらい、キリスト教のなかが分裂しています。生前、父、堀川辰吉郎はよくこう語っていました。

「世界はいつか、あらゆる宗教を乗り越えて一つにならなければならない」

その年の2月、今度はインドの国際会議に招かれて、聖地マウント・アブを訪問し、やはり世界平和をテーマにした基調講演を行いました。世界57か国から300人余りの人々がそこに集まりました。集まったのは、キリスト教のさまざまな宗派をはじめ、ギリシャ正教、イスラム教、仏教、ヒンズー教など多彩をきわめていました。

この講演で、私は、宗教の本来の狙いとは、人は神のいのちによって生かされているのであり、そのことを自覚し、心の平和、世界の平和、そして魂の純粋性を求めることではないかと発言しました。宗教家が知的な議論を進めると、どうしても「私が正しい、あなたは間違っている」という対立に陥りがちです。それは、しかし、宗教の本来のかたちではありません。どの宗教も究極的に求めているのは、それぞれの魂の救済であり、それは人々が安心して暮らせる社会です。その目的に向かって、精神性を高めあい、魂のレベルで話し合うことがいかに大切であるか、その思いを率直に述べたのです。

マウント・アブの山の頂がテーブル状に平らになったところでは、眼前に太陽がストンと落ちてくるようなエネルギーの終結する場所があり、私はそこに座っていつものように瞑想を始めました。その時、異なる宗教を越えて人々が一体になるためにも、宗教会議をやらなければならないという想いが強く湧き上がってきたのです。

その準備のため、その後、私はロンドンやニューヨークをあちこち駆け回り、「21世紀におけるビジョンと宗教会議」を訴えました。さいわい、世界で一番大きい教会、ニューヨークの聖ヨハネ教会の牧師さんが趣旨を理解してともに立ち上がり、会場を提供してくださることになりました。同時に、国連の共催も取り付けることができました。

当日は、セミナーのほか、各宗派の祈り、ドレスデンの少年合唱団の合唱、アフリカのドラム演奏などのセレモニーを行いました。そして、イスラム教、仏教、神道、ヒンズー教、ギリシャ正教、ロシア正教など、世界中の宗教家が一堂に会して新たなコミュニケーションをはかることができました。これは、未来に開いた大きな成果だったと思います。一方で、大きな組織になればなるほど、自分の組織を守るのに精一杯で、他との調和をはかるのはむずかしいものだ、ということも実感しました。

そうした中で、大きな組織に属さず、輝く瞳を持ち続けている、少数派の人々に出会えたことが、さらに意味のあることだとの確信も得ました。これからは、宗教という枠を超えて、こうした光り輝く人々とともに歩んで行きたいと願いました。神は、本来一人一人の心の中にこそあり、それに気づくためには、もはや宗教は必要とされなくなっていくだろうという予感があったからです。

サムシング・グレート

1976年3月、アラブ首長国連邦の海岸で、全身を光の柱に貫かれた霊的体験は、私が自分の使命を確認することになった、「心の原点」のできごとであった、ということは、前にもお話ししたとおりです。私自身は、その体験の前から、この世界を創造した神のエネルギーというものを強く感じながら生きてきました。

地球が生まれてからでも四十数億年、宇宙の年齢は200億年を超えると言われます。そのすべてを運営してきた「サムシング・グレート」＝「宇宙の創造神」のエネルギーがいかに莫大で、人知の想像の及ばぬほど偉大なものであることがわかります。

私たちは、過去の世界で、何度も何度も生まれ変わりながら生き通してきた「過去世」を背負ってこの世に生まれてきた、ということも前から感じていたことでした。はっきり言葉に出して、私の過去世に言及なさったのも、心の師、S先生でした。最初の出会いの時に、こういうこともおっしゃっていたのです。

「あなたの過去世はオールスターですよ」と。

私の過去世だった、クレオパトラやアマテラスなど、たくさんの過去の人たちの名前をあげて、「あなたはもうすぐ自分で過去のことを思い出しますよ」とおっしゃったのです。

神秘体験の少しあとで、大阪のホテルで先生とふたたびお会いしました。その晩のことです。先生とお話しししているうちに、

「あなたは、もう体じゅうから光が出ているから、今、過去を思い出しますよ」と言いました。いつの間にか、私が学んだこともない、３５００年前のゼウス、アポロンの頃の古代ギリシャ語が私の口を突いて出てきたのです。

私は、コロンビア大学で、英語・フランス語・ドイツ語・中国語は学びましたが、ギリシャ語などまったく学んだことがありません。

ところが、過去に私がアポロンの神託を受けて東の地方に法を伝えていったこと、その時代にすでに「人間復興を通してのワンワールドの実現」を唱え、演説をしていたことなどを、古代ギリシャ語で話し合ったのです。

そして、クレオパトラの時代のエジプトの言葉や、お釈迦様の時代のインドの言葉なども止めどなく出て、対話をしました。自分の実体験として「輪廻転生」が真実であることを確認したのです。

私が感じている「サムシング・グレート」＝「宇宙創造神」は、先ほどもお話ししたように、宗教を超えた存在です。歴史上、モーゼ、釈迦、キリスト、マホメットなど、多くの「正法（しょうほう）」を説いた人々がいますが、「サムシング・グレート」の存在はどの正法においても共通だと感じています。

キリストは民衆に説諭した期間が約3年くらいと短かったので、「汝の隣人を愛しなさい」というシンプルな言葉でその教えを表現し、お釈迦様は、悟りを開いてから45年もの長い期間、多くの弟子や民衆に伝えることができたので、「八正道（はっしょうどう）」まで詳細に説くことができた、という違いにすぎません。

すべては、「宇宙創造神」の「光のエネルギー」と「愛のエネルギー」を伝えることが目的だったのです。そのエネルギーを「心の光」「心の輝き」として言葉や概念にしたものが宗教なのです。

世界宗教会議などを通して、私は、「人間復興を通しての世界平和」を目標として、「見えない世界」からのメッセージをこれまでも世界に発信してきました。

オスカー・マゴッチさんとの出会い

「見えない世界」からのメッセージは、さまざまなチャンネルを通して私に伝えられてきます。

私がＵＦＯと出会ったり、宇宙連合の「司令官」ともいうべきクェンティンさんとコンタクトを取ったりするようになったそもそもの始まりは、カナダでＢＢＣ（英国放送教会）の社員で、放送の仕事をしていたオスカー・マゴッチさんと出会ったことからでした。

マゴッチさんは、1928年にハンガリーで生まれ、1957年以降、カナダ・トロントに住んでいた方です。マゴッチさんがUFOと最初にコンタクトしたのは、1974年のことだそうです。それ以来、20年近く、毎月のように、UFOとコンタクトし、異星人が示す、地球の常識をはるかに越えたテクノロジーに接し続けて、その体験を数冊の本に著し2002年に亡くなった方です。

雑誌の企画で来日したマゴッチさんとは、東京都内のホテルで昼食をともにしながらお話をしました。その席には、日本語訳を監修なさった故・関英男博士も同席なさいました。

マゴッチさんの本は『わが深宇宙探訪記』(上)、続いて『深宇宙探訪記』(中・下)と3冊本の翻訳が1990年代初めに出版されたものです。2008年に、『オスカー・マゴッチの宇宙船操縦記』(Part 1)とタイトルを変えて明窓出版というところが出しています。

マゴッチさんはその本の中で、遭遇したUFOとそれとの接触について日付け入りで詳しく語っています。UFOを「操縦」して世界旅行をしたという記録は、1975年7月30日、31日のことだと書き出されています。トロントからニューヨーク、中東の上空を飛行し、シリアとヒマラヤの寺院に降り立ち、翌日は、ペルー、カリフォルニアに飛び、そして、カナダ・オンタリオ州のハンツヴィルに戻る、という旅行です。

マゴッチさんの話では、UFOに乗って、銀河系はもちろんのこと、宇宙の果てまで探訪してきたのだそうです。そういう体験をしてきたご本人の口から詳しくお話をうかがう機会が得られたのです。

宇宙には、科学の面でも、精神的な面でも、この地球よりはるかに進んだ星系があります。より進んだ知的生命体は、地球では考えも及ばないほどの高度な科学と高邁な魂を駆使して、宇宙全体をよりよくしていこうとしているのです。ただし、そういう存在にとって、地球はまだまだ「波動」の荒い惑星であり、公然と、地球に住む誰の目にもわかるようにアプローチしてくる、つまり「姿を現す」段階とはなっていないようです。そのため、現在は、マゴッチさんのような、感受性、精神性の高い人を選択して、自分たちのメッセージを少しずつ地球人に送っているのです。

クェンティンさんとの接触

クェンティンという名前は、マゴッチさんの本に「宇宙連合の司令官」として登場します。

トロントのシェラトン・ホテルで開催された「サイキック・フェア」の会場でマゴッチさんに近づいてきて、マゴッチさんがそれまでに経験したUFO体験などについて、くわしく説明する「若い」男として出てきます。のちに、マゴッチさんがUFOに吸い寄せられるように乗り込んで、異次元の星に到着し、そこの人々と会話していると、なんと地球でこの前話をした、その人がいたのだと書いています。それが、宇宙連合の司令官クェンティンさんだったのです。

2002年の夏のことでした。私は信州の八ヶ岳に行って短い休養をとっていました。夜空を眺めながら「人間復興を通しての世界平和」を実現するためにはどうしていけばいいのだろう、と、いつものことではありますが、漠然と今後の活動のことを考えていたのです。

その時、ふとこう思ったのです。

「そうだ、宇宙連合と一緒にやればいいのではないかな」

そう思った瞬間です。バズ・アンドリュースさんが私の意識に現れてこう言ったのです。

「ああ、気がつかれましたね。そうなんです。宇宙連合と一緒にやっていくのです」

バズ・アンドリュースさんも、マゴッチさんの『深宇宙探訪記』に登場する人物です。

「バズ（口数が多くてうるさい）」はあだ名のようです。アンドリュースさんは地球人ですが、マゴッチさんと同じように宇宙を旅したことのある人です。今は、月の裏側の基地に住んでいると言っています。

私は、アンドリュースさんとは昔からの知り合いと電話で話しているかのように自然にテレパシーで話すことができました。

「宇宙連合は何人くらいいるのですか」

と私が聞くと、

「80万人います。でも、地球の担当はそのうちの一部です。クェンティンさんは地球を守る責任者です。彼らは宇宙からずっとあなたを見守っていますよ」

と答えました。

すぐに、そのクェンティンさんも私にコンタクトしてきました。

彼によると、広い宇宙には地球以外にも、生物がすむ多くの惑星があり、数多くの惑星の生き物について、それぞれの惑星の担当者が見守っているというのです。

その中でも、青い宝石のように輝く地球は、その美しさとうらはらに、破壊が進んで死の惑星になる瀬戸際に立たされているというのです。それは人類がさまざまな「邪悪なもの」に支配されてきたからで、地球の人々に正しい情報を伝える必要がある、そのために彼らは私にコンタクトしてきたというのです。

「でも、なぜ、私なのでしょう？」

私はそう聞きました。地球には、私より人々に大きな影響力を持っている宗教指導者や政治家などたくさんいるではないか、と考えたからです。

クェンティンさんの答えは次のようなものでした。

私がコンタクトの相手に選ばれたのは、どの宗教にもとらわれずに、それでいて神の存在を理解しているからだ、というのです。

前にも述べたように、私はテレビ番組の企画で、世界中の主役たちにインタビューしてきました。その後、世界平和のためのシンポジウムを開催し、世界宗教者会議を成功させ、イスラム世界の各国にも国賓として招かれ、という活動を一つ一つしっかりと行ってきましたが、クェンティンさんは、そのすべての活動を宇宙から見ていたのです。

「宇宙連合の会議で、地球にメッセージを送る相手として、マゴッチさん同様あなたも選ばれたのです。あなたが、地球上どこに行っても、ずっと宇宙からあなたを見守っています」

と言いました。そして、「天橋立まで来てください」というのです。「なぜですか」と聞くと、

「その周辺には、あなたがアマテラスだった時に縁のある場所がいくつかあります。そこで

ＵＦＯをお目にかけながら伝えたいことがあるのです」と言います。

その言葉に従って、関西方面での講演のあとに、知人の女性たちと一緒に車で行きました。京都府宮津市の天橋立の周辺には元伊勢の一つである籠(この)神社や真名井神社など、アマテラスにまつわるたくさんのものがあります。現在の伊勢神宮の近くにある五十鈴(いすず)川と同じ名前の川もそこにはあるのです。天橋立の籠(この)神社は、宇宙エネルギーが集まる「ポータル（入り口）」のようなところで、ＵＦＯのエネルギーを充塡することができるのだそうです。訪れた時は神社そのものは閉まっていました。

翌日出直そうと近所の旅館に宿をとって、車の運転をしてくれた女性たちと一緒にそこの露天風呂に入りました。すると、露天風呂から眺めていた漆黒の夜空に、二つの光が「ビャーッ」という感じで光るではありませんか。「あ、ＵＦＯが……」と言うが早いか、すぐに「気がつきましたね」とクェンティンさんの声が聞こえました。

「残念ですが、お伝えしなければならないことがあります。それは、これから天変地異も含めて、すごく大変な時代に入ってゆくということです。けれども、恐れないでください。私たちがいつも見守っていますから。今あなたが進んでいるのは正しい道筋です。世界を救うためには『人間復興を通しての世界平和』しかありません。それを、平常心で続けていく限り、世界のどこに行っても私たちは見守っています」ということばを受け取りました。

事実その後、アメリカで、ニューオリンズの町に大被害をもたらしたハリケーン・カトリーナ、さらにフロリダを襲ったハリケーン・リタなど、防ぎようのない天変地異が起こりました。

それからというもの、私は、自分でテレパシーを送るとクェンティンさんと直接コンタクトができるようになりました。

あるとき、クェンティンさんが、「あなたとは、カナダで直接お会いしましょう」というのです。その時は、カナダに行く予定はまったくなかったので「カナダで会えるのはいつかな」と思っただけでした。

そんな頃、大阪で世界の少数民族の人たちの国際会議が行われました。その会議に出席した私は、たまたまリヒテンシュタインのアルフレッド王子にお会いしました。いろいろお話ししているうち、プリンス・アルフレッドは、「この会議はこんどカナダであります。一緒にカナダに行きましょう」と誘ってくれました。ちょっと驚きましたが、これは、クェンティンさんの手配だな、と思って、プリンスと一緒にカナダに行ったのです。会議では、カナディアン・ネイティブの少数民族と会いました。彼らの聖地で、私は日本語でお祈りしましたが、彼らには通訳を介さずにその意味が伝わりました。

カナダのホテルの近くに湖があり、そこで瞑想していると、クェンティンさんの姿が見えました。金髪で青い目をしたヨーロッパ人風の姿でした。ただ、ふつうの人の目に見えるように現れたのではありません。物理的に姿を現すには、相当なエネルギーがいるそうで、テレパシーやイメージとして現れるほうが簡単だということでした。

クェンティンさんが私の近くに現れるときは、この世のものとは思えないような木の香りで自分が来ていることを知らせます。心が洗われるような香りです。

クェンティンさんに「私たちの遺伝子は2本だけど、クェンティンさんは遺伝子は何本ですか?」と聞いたら「16本です」と言ってました。「クェンティンさんの生まれた星、いまだにあるんですか?」「あります、3万8000光年離れた所」だそうです。「カリギャラスツルージャ」という名前の星で、そこに両親もまだ住んでいます、と言っていました。

地底人アダマさんとのコンタクト

宇宙連合のことをお話ししたのですから、地底のことについてもお話ししておかねばなりません。

私が地底世界のことに意識を向けるようになったのはある少年の質問がきっかけでした。名古屋の講演会で、質問の時間に14歳の少年からこういう質問が出たのです。

「ぼくは先生の本は全部読んでいます。地底には人が住んでいますか。都市があるのでしょうか。地底のことがわかりますか」というものでした。14歳の少年が私の本を全部読んでいると言ったことに会場がどよめいたくらいですが、それ以上に、地底世界についての質問に私のほうが面食らったくらいです。

その場は、人から聞いた話ですが、とお断りして、それまで聞いていた地底の海に迷い込んだという親子の話を紹介して、あとで詳しく調べてみます、とお答えしただけでした。

正直言って、その時は、「地底に都市なんてあるのだろうか」と、半信半疑というより懐疑的な気持ちのほうが強かったと思います。

ただ、そんなこともあって気にはしていました。ある日、瞑想をしながら地底に意識を向けてみたのです。すると、アダマさんという地底の高僧がコンタクトしてきたのです。アダマさんは、アメリカ・カリフォルニア州最北部、オレゴン州に近いシャスタ山の地底にあるテロスという地底都市に住んでいる方でした。

「地底の世界は存在します。あなたの活動は、すべて地底から見ていました。そのまま続けていってください。いつかどこかで直接お会いすることになると思いますよ」と言いました。

いったん、コンタクトが取れたあとは、しばしばアダマさんとお話しすることになりました。

この、アダマさんとコンタクトをとった人の一人に、ダイアン・ロビンスさんという方がいます。『「超シャンバラ」――空洞地球／光の地底都市テロスからのメッセージ』（徳間書店）という本を著した方です。アダマさんは時間を決めてロビンスさんにメッセージを送り、ロビンスさんがそれを書き取るという作業をずっと続けているのだそうです。

ダイアンさんが受け取った情報や、私がアダマさんから直接得た情報をまとめてみましょう。

地底都市テロスは、北カリフォルニアのシャスタ山の地下にある、レムリアのコロニーです。テロスとは「神霊＝スピリットとのコミュニケーション」を意味します。テロスは、レムリア大陸や、同じ頃に存在したムー大陸の人々が、約1万2000年前にアトランティス大陸の人々と大規模な戦争を行い、大陸が海に沈む前に、一部の住人がシャスタ山に避難して作った都市です。レムリア大陸では、高度な文明が栄えていたので、現在のテロスをはじめとする地底世界でも高度な文明が繁栄しているというのです。

テロスは、人口150万人くらいで、男性6人、女性6人、計12人の「アセンディッド・マスター」によって構成される評議会と、高僧アダマさんによって自治組織が運営されています。

また、その後、私自身も地底へ意識を向けるようになると、地底の人たちとのコンタクトもとれるようになりました。地底には、大きな図書館があり、そこの図書館長のミコスさんという方がコンタクトをとってきました。地底には、私たち地上の人間たちひとりひとりの現世と過去世の人生が映像で保存されているデータバンクがあるそうです。たとえば、誰かの名前のついたボタンを押すと、その人の過去世が全部、出てくるそうです。霊視のようなものではなくて、テレビに映る画像のように出てくるそうです。私たちは、常に、どこからか撮られているのですよ。

ちなみに、ミコスさんは身長が2・5メートルもあるらしいです。体のサイズが地上の人間たちとは違うようです。

伝説の大陸の人々の末裔たち

地底世界には120以上の都市があり、それらの都市はグループ分けされています。地底都市すべての人口を合わせると2500万人以上になります。

レムリアとアトランティスの存在は、地表世界では神話・伝説ということになっていますが、現在、地底世界を繁栄させている中心の人々は、この二つの大陸の出身者だということです。

地球上では、歴史に書かれていないはるかな遠い昔から、高度な文明が築かれては、戦争や天変地異が起きて滅び、生き残った人々がふたたび高度な文明を築き上げるということを繰り返してきました。

古代ギリシャの哲学者プラトンが、アトランティス文明が高度に発達して繁栄したことを、その著書の中で記述しているのはよく知られたことです。アテネの軍が、アトランティスの軍勢と戦った歴史があるということも言い伝えとして書かれています。言い伝えや神話が、しばしば「史実」から生まれることがあるのは、ホメロスの「トロイの木馬」で知られる

「トロイ戦争」が、実際にあったということを、シュリーマンの発見が跡づけたことでも明らかです。

大西洋（アトランティック・オーシャン）にその名が残るほど一般的に知られているアトランティスが、まったくの創作であると考えるほうが無理があるというものです。いわんや、そのアトランティス大陸の人々の子孫が一人も残っていないと考えるのは不自然のきわみと言うべきでしょう。

今から、1万2000年ほど前に、地球全体が大洪水に襲われたと主張する科学者や研究家もいて、聖書の「ノアの箱舟」の話も実際にあったことの記録であり、箱舟の痕跡も見つかったという報告もあります。

レムリアとアトランティスという、高度に発達した文明が、天変地異や戦争をきっかけに、地上を見限って地底にのがれ、文明を継承してきたということは、考えてみると自然なことなのです。

八正道の真髄

２００８年6月、山形のお寺で講演会がありました。そのお寺の住職は、サティア・サイババさんのところへ行ったこともあるそうです。別棟には瞑想の館があり、お釈迦様とサイババさんの大きな写真が飾られていました。そこで私もゆっくり瞑想させていただいたのです。座ってしばらくすると、先にサイババさんからメッセージが届きました。
「かつて私はお釈迦様の弟子でした。ここの住職もそうでした。そして、あなたはお釈迦様の妻・ヤショーダラーでしたね」

周知の通り、お釈迦様は17歳で結婚し、29歳で出家しています。悟りを求めていたお釈迦様にとって、妻はもちろん、出家直前に生まれた息子ラフラでさえ重荷であった、と一般には伝えられています。

お釈迦様の出家後、妻も息子もその弟子になりました。お釈迦様が出家などしなければ、ヤショーダラーもラフラも苦労することなく、ささやかな幸せに生きることができただろうに……。俗世に生きる人々はそう同情し、お釈迦様の偉大な功績を称えつつ、妻と子の人生に憐憫の情を抱いたのです。

ところが、お釈迦様から私が受けた直接のメッセージによれば、事実はまったく異なります。ヤショーダラーはお釈迦様とともに修行することを喜び、俗世を離れて修行に励むお釈迦様を誰よりも理解していたのです。お釈迦様は私に次のように伝えてきました。

「出家の際、私は心から申し訳ないと思いました。でも、あなたは私を非難するどころか、私を理解し、助けてくれました。だから私は八正道に至ることができ、出家してから45年もの長きに渡り、人々に教えを説くことができました。なんとありがたいことでしょう。どうぞ末法の今の時代に八正道を一人でも多くの人に広め、それを実践してください。最後まで私をいちばん理解してくれていたのは、あなたでした。私はあなたのやっていることがうまくいくよう、いつも守っています」

心温まるメッセージでした。八正道こそ人間復興の道しるべと思っている私には、過去世のできごともわかってはいましたが、こうしてお釈迦様から改めてメッセージをいただくと感慨深いものがあります。

八正道とは、「苦」を滅する八つの正しい道のことを言います。「苦」とは、生、老、病、死、愛別離苦（愛するものと別れる苦しみ）、怨憎会苦（おんぞうえく）（怨み憎むものと会う苦しみ）、求不得苦（ぐふとっく）

（求めても得られない苦しみ）、五蘊盛苦（こだわることの苦しみ）の八つを指します。八正道は、これら八つの苦しみが、次の八つのことを実践することで消え去ると教えています。

（1）正見：ものごとを正しく、神の目で見ること。また、因果の「果」ではなく、「因」を見ること。

（2）正語：調和のとれた言葉、思いで正しく語ること。妄語、両舌（二枚舌）、悪口（不調和な言葉）、綺語（口から出まかせ）を慎むこと。

（3）正思：自己中心的な心ではなく、思いやり、優しさの心をもって正しくものごとを思うこと。貪欲、瞋恚（怒り、悲しみ、憎悪の心）、愚痴といった「意の三悪」を慎むこと。

（4）正業：正しく仕事をすること。自分の仕事を「修行の場」として、日々感謝と喜びの心で一生懸命取り組むこと。

（5）正命：正しく生活すること。殺生（己の快楽のために生き物を殺すこと）、偸盗（人のものを盗むこと）、邪淫（色情の過ち）といった「身の三悪」を慎むこと。

（6）正精進：正しく精進すること。「自分の欠点を直す」「正しくないことをしない」「自分の長所をのばす」「新しいことに積極的に取り組む」といった四つの努力をすること。

(7) 正念(しょうねん):正しく念ずること。小欲、我欲ではなく、神仏の心に適った願いを抱き、実現のために日々努力すること。

(8) 正定(しょうじょう):心の状態を正しい状態に定めること。自らの思い、行いが、(1)〜(7)に適っていたかどうかを振り返り、できていなかった場合は、同じ過ちを繰り返さないよう努力すること。

八正道で大切なのは、「実践」です。それも、都会の喧騒を離れた山里ではなく、「意の三悪」や「身の三悪」に満ち満ちたこの忍土で実践することに意味があります。どのような人をも受け入れる海のような懐の深さ、どのような人にも注ぎ続ける太陽のような温かさ、どのような人の心をも育てる大地のようなおおらかさ。あなたの心がこのような状態になり、それをあなたの日々の思いや行いに発露させていくことが、八正道の真髄です。

このように、八正道には、この世の真理が端的に示されています。世の宗教は同じキリスト教、同じ仏教でもいくつにも枝分かれし、それぞれが「私たちの教義こそが正しい」と主張しているのですが、真理とは国や宗教やイデオロギーを超えて、すべての人が共有できるようなものでなければなりません。複雑で難しい真理、時代とともに変遷する真理、国によって変わる真理では、真理とはいえないのです。そう思っていた私が、誰でもが共鳴できる真理として八正道を尊び、それを伝道する立場となりました。今生でのその道のりは、じつは過去世と深くつながっていたのです。

おもしろいことに、サイババさんも、山形のお寺の住職も、私も、それぞれのやり方でお釈迦様の弟子としての人生を今生で続けています。こうして見ると、人生がいかに過去世の知恵や経験や仲間に支えられているかがわかるでしょう。それにさらに守護霊やご先祖様、クェンティンさんやアダマさんのサポートを受けているのだから、人生とは本当に輝かしいものなのです。

第3章

神国・日本のルーツ

失われた十支族

「失われた十支族」という言葉があります。『旧約聖書』の記述に基づくものです。ダビデ王の時代に統一されたイスラエルの十二支族が、ソロモン王の死後（紀元前10世紀）、南北に分裂します。北王国を作った十支族が、アッシリアに滅ぼされ虜囚の憂き目に遭います。虜囚を逃れた支族は四散しますが、記録が残っていないため、「失われた十支族」と呼ばれました。その「失われた十支族」の行方は、さまざまに憶測されていますが、少なくともその一部は日本に来たのではないか、という説があります。

私は日本をくまなく歩いてみて、その経験から、私も、直感的にそのことを思うようになりました。

京都嵐山に松尾大社という官幣（かんぺい）大社があります。5世紀ごろ、渡来人の秦氏（はた）が山城国一帯に居住し、松尾山の神を氏神としたと言われます。代々の神職はこの渡来人の秦氏が勤めていました。ここで私は「秦氏一族はユダヤ人だった」というお話を聞き、直感が正しかったことを確信しました。

また、だいぶ以前のことですが、講演のために訪れた四国でも「失われた十支族」ゆかりの神社に行きました。十支族の一部が黒潮に乗ってたどりつき、そこに神社ができたということでした。風雪に耐えてきたお社（やしろ）を見ていると、長い船旅を終えて土を踏んだ人々の安堵が伝わってくるようで、確かに、ここに彼らがたどりついたという直感を得たものです。四国はときに「死国」とも称されます。それは、四国にユダヤの大切な秘宝が眠ることを覆い隠し、人々を寄せつけないために付けられた呼称のようです。四国といえば、八十八ヶ所巡礼で知られますが、これも、真実を覆い隠すための壮大な仕掛けだったという説があります。「失われた十支族」を探す調査は、今でも続けられており、それを行っているイスラエルの調査機関の代表というラビのお話を聞いたこともあります。そのラビは、世界中を調査してまわった末に、日本に重大な鍵があると確信し、さらに日本の詳しい調査を続けるとおっしゃっていました。

秦氏のみならず、おそらく平氏も源氏もユダヤの血筋であったろうと思います。平家の落人伝説で知られる、徳島県の祖谷（いや）に行ったことのある人はおわかりでしょう。あのあたりは、山の尾根に家が建っています。こういう建て方はユダヤの慣習そのものだといいます。また、ユダヤ式のお墓も多く見られます。

ラビによれば、ユダヤ人と同じような生活様式や習慣を持つ人々は、インド、アフガニスタン、パキスタン、ミャンマー、中国四川省、さらにはメキシコ、ペルーにも見られるといいます。どうやら、十支族は、高い技術性と精神性を携え、世界中に散っていったようです。

ユダヤ人と日本人が密接に関係している証拠のひとつとして、神社の構造や神官の服装、儀式の内容、禊（みそぎ）の風習、おみこしなどが、ユダヤと酷似していることがあげられます。神道用語にはヘブライ語とよく似た語もたくさんあります。たとえば、「ハレ」と「ケ」は、ヘブライ語では「栄光」と「世俗」を意味し、神主は「カム・ナシ」、禰宜（ねぎ）は「ナギ」、祝（かふり）は「カフリ」からきているのではないかと言われます。さらに、社（やしろ）は「ヤハ・シロ＝ヤハウェの器」、禊は「ミソグ」、依代（よりしろ）は「ヤラ・シロ＝降臨のための器」、直会（なおらい）は「ナオル＝光を受ける」とよく似ているといいます。神道独特とされる言葉も、こうして分析してみると、その奥深い意味が見えてくるではありませんか。

「倭王」と渡来人

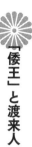

前にも触れたように、天皇の始祖神武はおよそ2600年前に即位しました。それ以前から考えれば、日本に住んでいた人々は、大きく分けて、縄文時代からの先住民族、その後に何度も渡ってきた何人とも特定できない人々、それに加えて失われた十支族のイスラエル人（ユダヤ人）、さらに宇宙人も加わって、日本人を形成してきたと考えられます。

もちろん、もっと古い時代、縄文の人々が形成される場面でも、さまざまな人々がこの東の島にたどりついたのです。

このように、かなり古くから「日本」はありました。しかし、「日本」という呼び名が登場したのは『日本書紀』が初めてです。「天皇」という呼称も『日本書紀』で定められたものです。

縄文時代は、1万何千年も前からありましたが、一つのまとまった国という概念はありません。自然の中で旺盛に暮らしていたことは、遺跡から発掘された縄文土器などで知ることができます。

縄文後期には、100軒500人規模の勢力を持つ集落が多数できて、簡単な農業を始め、文明化していましたが、それでもそれぞれは一集落でしかありません。

それぞれの集落にはそれぞれのリーダーがいて皆の暮らしを守っていました。天皇につながるリーダーも8000年前にはいたのです。

それ以降に権勢を振るい始めた有力な集落から「王」と呼ばれる人たちが出てきます。とくに、高度な農業文化とともに集落の中から、他を圧倒する力を持った王が出てきます。これが対外的に「倭王」などと呼ばれる指導者です。

中東から日本に流れてきたユダヤ人

2016年10月5日に、「平城宮の役人にペルシャ人の名があった」というニュースがありました。

《奈良市の平城宮跡から出土した8世紀の木簡に、ペルシャ人とみられる人物が役人として働いていたことを示す記述があることがわかりました。調査した奈良文化財研究所は「平城京が国際色豊かな都だったことを示す、貴重な資料だ」としています。

木簡が見つかったのは奈良時代の都、平城京の中心部、平城宮跡の南東にあたる場所です。奈良文化財研究所によりますと、50年前の発掘調査で見つかった木簡を、ことし、赤外線を使って調べたところ、「破斯清通（はしきよみち）」という人名が記されていることがわかりました。「破斯」という名字は、ペルシャを意味する漢字「波斯」と読み方が同じことから、木簡に記された人物はペルシャ人とみられるということです。また、この木簡は役人を養成する役所、「大学寮」の宿直勤務の記録だったことから、この人物が平城京の役人だったこともわかったということです。》（ＮＨＫオンラインニュース）

『日本書紀』が完成したのは、７２０年です。この発表では、ペルシャ人の名前であった、ということがわかりますが、他にも、数多くの渡来人が、役人としてだけではなく、一般人として住んでいたに違いありません。

さきほど、「日本」や「天皇」という名称は、『日本書紀』で定められたと言いましたが、この言葉を作り出したのは、渡来人の中のユダヤ人、それもキリストを信じていたユダヤ人でした。故郷を追われ、中東地域から東へ移動していった複数の民族がいました。

彼らは移動中に、世界中に散らばってもいます。その一つが、例えばアフガニスタンのパシュトン族です。中国の景教徒は彼らの子孫です。

「景教」というのは、古代キリスト教の教派の一つ、ネストリウス派の中国における呼び名です。この宗派は、431年のエフェソス公会議において異端認定されて排斥されたのです。しかたなく、ネストリウス派はペルシャ帝国へ移動し、さらに中央アジア・モンゴル・中国へと伝わったものです。

この景教徒の中からも、大量の渡来人が日本にやって来ました。この中に、「失われた十支族」も入っていたのです。それゆえに、「日本」を規定したのは、キリスト教以降に日本に渡ってきたユダヤ人だと言われるのです。

縄文文化など高度な文明を保持していた先住民の中で、なぜ彼らが目立つ存在となったのでしょうか。

その頃は、まだまだ日本の国土は人間の数に比べて広く、気に入ったところがあればどこにでも住み着くことができたということがあります。ユダヤの集団は、中東から流れ流れてきて、安住の地を見つけ、そこでこれまでの自分たちが培ってきた文明を展開します。日本のある場所に、いきなり高度の文明地域が現れました。そのような集落ができれば、自然に他の集落や地域にも影響を及ぼすことになります。

多少の衝突が起こる場合もあったでしょうが、周辺の集落も、いいものはどんどん取り込んだことでしょう。

こうして、共通の生活スタイルや儀式などが広がっていきます。その中には、日本の中でもともと強い勢力を持っていた集落もあったはずです。天皇のルーツとなる方もそういう集落のリーダーだったでしょう。

一方、渡来人の集落が、先住の集落に、特別の待遇をもって吸収されるということもあったでしょう。積極的にそうすることで、先住の強力な集落はさらに大きく力をつけていったと考えられます。

藤原氏は渡来人の中の代表的ユダヤ人

応神天皇の頃（3世紀）、たくさんのユダヤ人がやってきたわけですが、その時分渡来したユダヤで、日本の中枢で活躍することになった代表的一族が藤原氏です。

『日本書紀』がまとまる頃までに、それまでの中枢の人たちとのせめぎあいを制して、この時点で日本の成り立ちを定めた人たちです。藤原氏は天皇家にも外戚としてかなり入り込んでいます。その家系は現代にまで続いています。

『日本書紀』は彼らがまとめました。歴史は、いつでも、勝った側の権力者が書き直します。その時の権力者に都合のいいように権威づけをします。

藤原氏は、『日本書紀』のなかで、天皇をアマテラスと結びつけました。ということは、その時代までアマテラスの権威は大きかったということです。彼女につなげることが最も都合がよかったのです。

アマテラスがなぜそれだけ権威があったのかと言えば、実際に日本の統治に実績があったからです。アマテラスの前後の話は神話ということになっていますが、神格化したいほどにその名がとどろいていたと考えるべきなのです。

逆に言えば、架空の人物では話にならないのです。もともと日本では、実在する偉大な人物を神に祀（まつ）り上げます。いつの時代でも、戦いで大活躍した人や、あるいは、権力闘争に敗れて憤死した人、身近なご先祖まで祀り上げ、神とします。アマテラスも同じことです。

キリスト教以前のユダヤ人と以後のユダヤ人

アマテラスは約3000年前に活躍しました。豊かで勢力を伸ばした出雲や丹後の国で活躍し、その後に日本の中枢を形成する人々の祖先となったのです。

3000年前と言えば、ちょうどカナンの地を出発したユダヤの十支族が日本に渡りついた頃にあたります。じつは、アマテラスもユダヤのラビの娘だったのです。

東アジアに流れてきたユダヤ人は「秦」と呼ばれます。始皇帝が建国した秦もこれに当たります。総理大臣になった羽田孜（つとむ）さんのハタも、昔の文字は「秦」のほうでした。

現代まで続く藤原氏を中心としたユダヤ人は、キリスト教以後の人々でした。アマテラスはそのはるか前に渡来していますから、同じユダヤ人でも、ここには溝があります。

ちなみに、よく、アマテラスのことを卑弥呼と同一視する人がいますが、それは違います。

私は、天皇家の家系図をもっていますが（109頁参照）、そこには天皇と呼ばれる前からの天皇の祖先がたくさん記されています。皇祖神であるアマテラスはおろか、それ以前の系譜まで記されているものすごい系図です。アマテラスは私の過去世でもありました。

古いユダヤ人は、過ぎ越しの祭りなどで、羊を生贄(いけにえ)にして、穢れをよせつけないようにするために、その血で門の前の木枠を赤く染めたりします。これが、日本の神社の鳥居の起源でもあるのですが、キリスト教以後のユダヤ人はこういう儀式を受け入れません。

この日本で、古いユダヤ人を新しいユダヤ人が差別するということがあったのです。これが被差別階級の発祥です。かつての被差別階級の多くは、じつは、古くから日本にいるユダヤ人だったということを自覚している人はいないでしょうけれども。

京都出身の往年の政治家、野中広務さんが私をお食事に誘ってくださったことがあります。彼は、自分で被差別部落出身だと明言している方ですので、「同和というのはユダヤ人です。キリストを信じていない古い時代に来たユダヤ人が同和なんですよ」と申し上げたんですが、キョトンとして、おわかりにならなかったようです。

昔はずいぶん差別されたのだと思いますが、本人たちはなぜ差別されてきたのか知らないのです。その一方で、彼らの中で天皇家と結びつきの強い人々もいるのです。お庭とか庭師と呼ばれていて、籠を担いだり、墓守をしたりして、陰で働いてきたのです。

実際、被差別部落の中に天皇家につながる人々のお墓があることも多いのです。天皇家の棺を担ぐのは彼らです。昭和天皇がお亡くなりになった時もそうでした。

天皇家の家系図（次頁以降に拡大図）

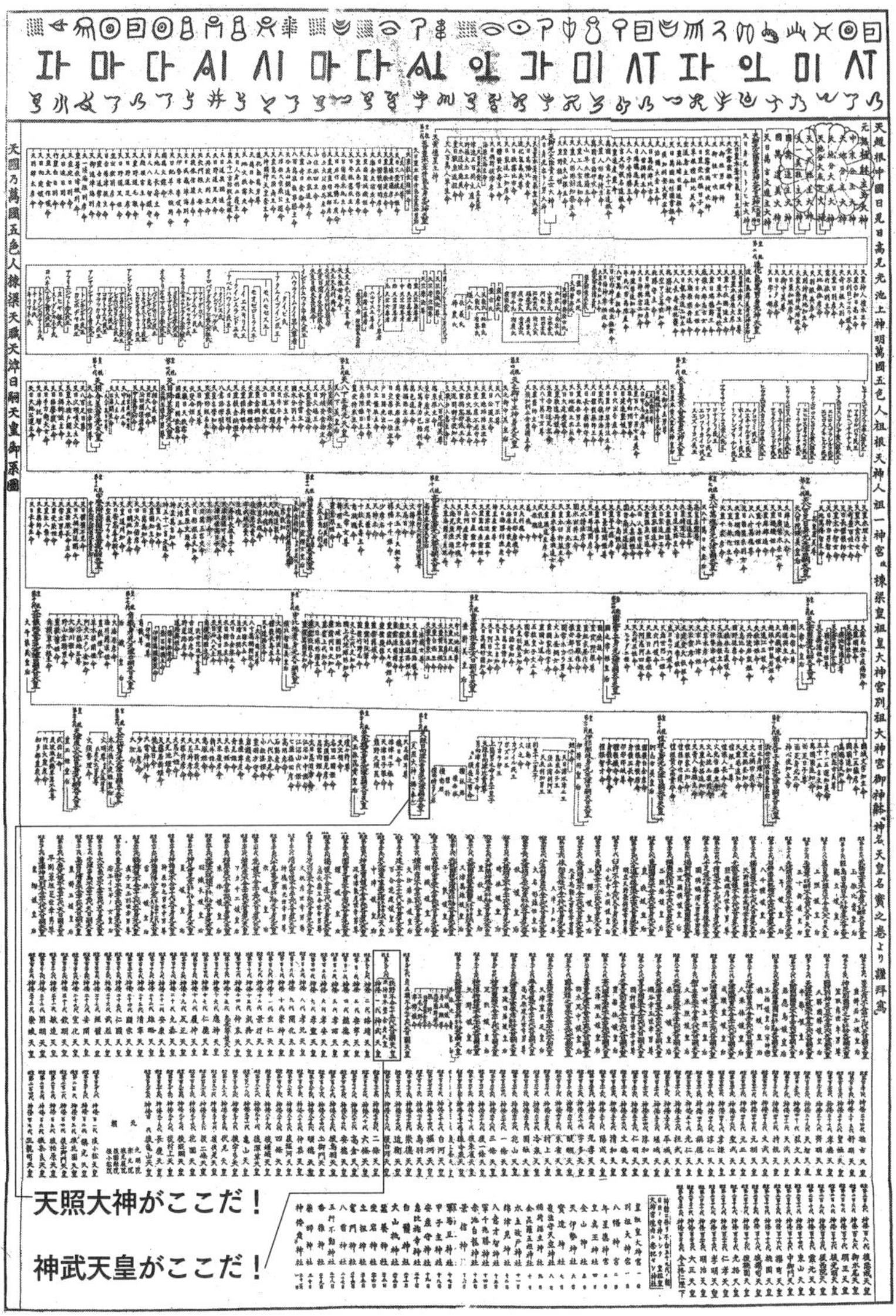

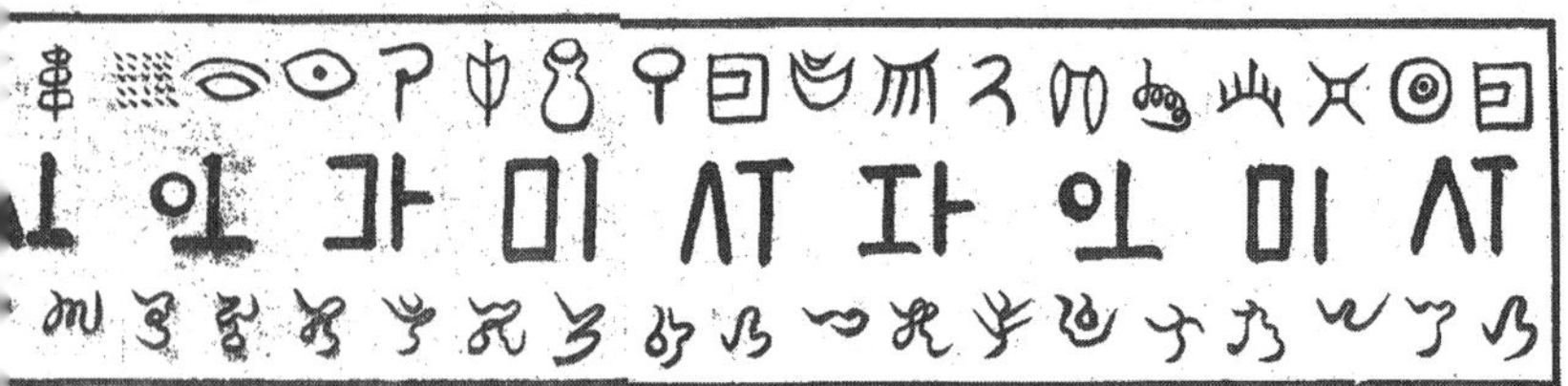

天越根中國日見日高見光池上神明萬國五色人祖根天神人祖一神宮(改)棟梁皇祖皇大神宮別

元無極躰主王大神
中未分主大神
天地分主大神
天地分大底主大神
天地分大底文大神
天一天柱主大神
天一美柱主大神
國萬造主大神
國萬造美大神
天日萬言文造主大神
天御光太陽貴王日大神(天照日大神)
天日身光ミトノヒ女大神
天日豊本葦牙氣皇主尊
天空霧雲根命
天御柱男風神
天御柱女吹神
大空霧雲雨被火神
天日豊史木根日子命
天草根種祖比美命
空通島主命
天豊地球形國造根命
天日萬國地形圖書根命
天須知利登大黄主命
天治彌大金主命
天日萬狀津比古命
天八曾彌斯主命
天日鳴禮造美命
天人子安陽勝主命
天言文形仮名造根命
天豊速産靈命
萬國八意五十一音造根命
天豊人形御持主命
萬國言語伊吹命
大山草木種蒔主命
天豊工人宮造知命
天豊人形彫刻知恭主命
天豊受大山根主命
天豊野槌祖命
天御光大陰貴王女大神
天日身光ホトノ男大神
天日豊本葦牙氣皇美尊
天日萬悟比貴命
造化氣萬美尊
天日狹霧比古命
天日家造工知彦命
天體饌長壽主命
天日禍斬祓津彦命
海原大海主命
天日豊本黄人皇美尊
津速五百萬火産命
野椎大土主命
大木造波鮑美命
豊日獸魚造祖命
天八百萬人草生命
天黄億皇王神

皇統第二代 造化氣萬男身光神天皇
造化氣萬美身光神皇后

天豊神人種木王命
天豊台知日高王命
天不利日ンマニラ媛命
天奇日根大別命
天豊日別彦命
豊竹依別主命
天地饌体彦命
天別振泉彦命
天別神茂地知主命
天豊大海神狭球根命
天日豊和振彦命
天御中美尊
天日ナタ彦命
天日宇ッ媛命
天日豊本黄人皇主尊
天日豊本葦原大彦命
天豊千秋國造主命
天日豊木五百萬秋命
天豊日瑞穗壽主命
底豫六郷志古女命
天中日向合主媛命
天大海原乘舟造命
天日龍舟造工知主命
天人長壽生枕養命
兆勝杖守神
天空アソビ舟乘知命
兆勝守主命
天日神岐造工彦命
天日神輿宮工知命
神靈岸造知命
平氏八百萬陸産命
八百島産祖命
日竹内神宰禍出銘新命
天日臨神宰禍殺命
天豊舟乘知主命
盤支那萬清王氏
盤支那貴長氏
盤那王氏
支那華秀氏
支那華長倉古氏
北京氏 山東古氏 河南氏 江西貫氏 福建常氏 廣西三氏 羅平氏 雲南金氏
南京氏 山西金氏 陝西幸氏 浙江大氏 廣東氏 貴州高氏 湖廣氏
盤唐王氏
盤古氏
天皇氏 人皇氏 地皇氏 有巣氏
燧人氏 伏羲氏 神農氏
主国インダウ[illegible]
天竺西蔵迦尊
天竺摩迦尊

皇統第三代 天日豊本黄人皇主身光神天皇
天日豊本黄人皇美神皇后

ヒナタエビロスインカ赤人祖民王
アラジルパラ民王
アルヘンチナナレ氏
ヒナタエビロスヒアルチ黄人祖民王
エヒロスブラシルコ民王
エビロスメキヒルコ民王
ヒウケエビロスヒロコネ黄人祖民王
エヒロスカナアスラ民王
フィラデルフィア民王
ヒウケエビロスボストン赤人民王
ニューユイヨイルク民王
サンフランシスコサンビサ民王
ヒウケエビロスカスケムコ赤人民王
クコマミ民王
エスキマルカス民王
ホイブオイト民王
リットンブリチレ民王
アフィナビシアムス赤人民王
コナクリ民王
フリイクウン民王
エジプトカイロ民王
スエズアカバ民王

天之御中主男尊
天日越根中主日見命
天三降皇尊
天合主尊
天日宇志岳彦命
天豊百六十男女生美命
天日奇向州男命
天日来速靈媛命
天日穴出吉産命
天日豊伊草津浪主命
天豊武蔵津海美命
天日體饌藤師王命
天日長命藥師守命
天豊飯岳男立命
天日地織土主長命
天日大建發媛命
天豊秩速丹媛命
天豊吉野遠足主命
天八十萬日文尊
天皇醫師主命
天須加利止會黄國主命

皇統第四代 天之御中主神身光天皇
天之御中美皇后

天八下王尊
天日公運主命
天豊地球活生主命
天豊火産不老守命
天柱支風長命主命
天常禍惑御機王命
天道剛獅子使知命
天職力人壽生命
天八百花環美尊
福來根主命

皇統第八代 天八百足日身光天津日嗣天皇
天八百比頭美皇后

天豊木理主命
天豊大食作女命
天奇豊百姓女命
天日長體嶽師命
天豊木白智女命
天日神方男智命
天地萬作智主命
高皇産靈美尊
天降造大人命
天日廣葉木赤女命
天豊機織姫命
天豊麻絲造命
天豊千針姫命
天八十萬魂尊
天日蚕蚕糸別方命
天豊棚機姫命
天豊白妙作主命
天豊千家彦命

皇統第九代 天八十萬魂身光天津日嗣天皇
天八十萬日女皇后

高皇産靈尊
高皇産道主命
天豊精造社命
天日道長路主命
天豊家屋造命
天日家造知予命
天豊家國造命
天豊溫泉出造命
天日人集市造命
天合人集網姫命
國常商法道造命
天言合商姫命
天豊羊上孫彦命
天日豊造關姫尊
天皇平孫男命
天日馬造關彦命
天水神法彦命
國水出井主命
天豊本日光彦命
天豊木臼杵製主命
天豊米麥黍稗遣女命
天豊酒造彦命
武乳造命
天振魂命
萬魂命
天夫利魂命
天日支那康魂命
天海原舟乘彦命
天日海勝利漁彦命
神皇産靈尊
天豊常速産靈命
天豊萬魂産靈姫命
天八百産靈姫命
天志門産靈命
天日支那天竺魂命
大海見魚漁網命
大東海鰐[illegible]取命

皇統第十代 高皇産靈身光天津日嗣天皇

皇統第十一代 天之常立身光天津日嗣天日天皇
天常女皇后

天森志地方役務除命
天豊網組命
天地合中社命
横地智通美天尊
天之常萬男女命
國之常姫尊
天日奥造報命
國之常立尊
國造與主命
天武藏津媛命
越根中和藏若姫命
天遠江三媛命
天駿津姫命
天丹波弟家姫命
天惠比合命
國野道惠命
天鉄依志濃媛命
天很海根主命
天伊勢津媛命
天草木彦命
天吉比津姫命
天出雲彦命
天安食大飯姫命
天吉道常媛命
底ヨモツ六媛命
天越世門二媛命
天穴門媛命
天豊日五郷姫命
天阿志門四媛命
天夫利三姫命
天ヒナダ二姫命

皇統第十二代 國之常立身光天津日嗣天日天皇
國之常姫皇后

國狹槌命
豊實野根尊
豊組家屋作命
豊香宮殿作命
綠母郷田主命
國常ホカラ男命
大土釜鍋女命
豊國家作家命
豊國山道命
五柱皇子大工命
國常惡女命
天豊飯名知命
天日語宮知命
天日萬吉情命
天日五十一音知命
天日阿日文知命
天日萬國形圖知命

皇統第十三代 豊國野根身光天日嗣天日天皇
豊斟美皇后

宇比地根尊
天皇黒北主命
[illegible]主命
天豊黄盟根命
天豊白西王命
[illegible]命

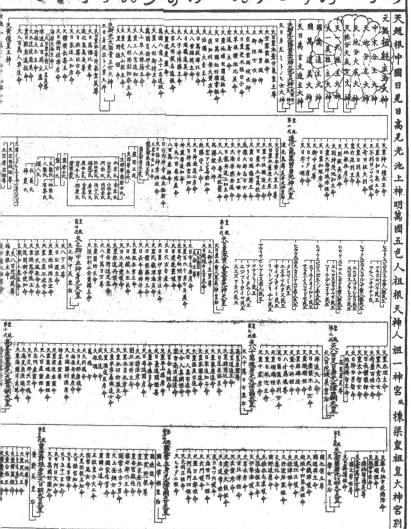

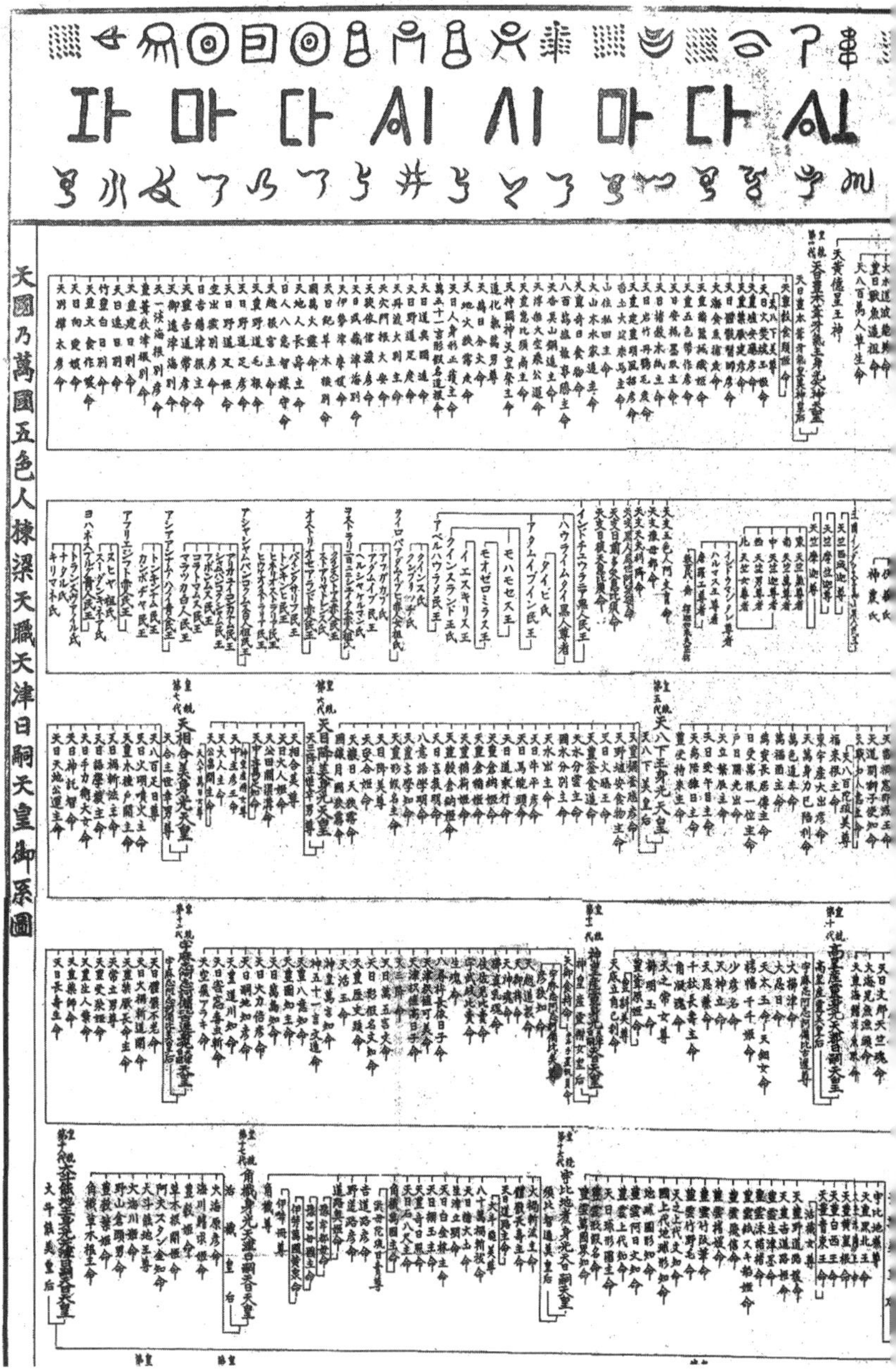
天國乃萬國五色人棟梁天職天津日嗣天皇御系圖

別祖大神宮御神躰「神名、天皇名實之巻より謹拜寫」

國城文字知主命
五十一五猛彦命
國國造知命
萬國治支知命 阿志古美尊
五十一五運知美命
五十一五言支知命
萬國國造知命
面足日子尊
面足身光天命
神心伎知主命
皇統第十九代 面足日子身光天津日嗣天日天皇 [illegible]皇后
日之身耀王命
火之禍功我命
天皇鋤釜知命
天皇廷造知命
惶根王尊
惶根人長命
火光晋勝主命
火之洗玉裁鎮命
天皇食器造知命
天青人寿福主命
惶根家工知命
惶根伊吹護命
惶根黄人高貴守命
皇統第二十代 惶根王身光天津日嗣天日天皇 阿志古美皇后
靈嶽白金彦命
惶根身嶽居命
身嶽正長命
伊邪那岐尊
靈嶽鎮守命
身嶽長命守命
惶根智才命
皇統第二十一代 伊邪那岐身光天津日嗣天日天皇 伊邪那美皇后
蛭子命
天日津水津止王
島米命子王
須止浦利阿王
天夫利加男王
別五十二皇子
淡島命
火之命
カブイル氏王
ガズニ王
フカラ伊王
上筒男之命から二十皇子
天疎日向津比賣尊
月向津彦月方命
小名 須佐之男命
檀林胡
檀赤林
檀朴
檀面胡
檀西持スタン胡

皇統第二十六代 [illegible]天日天皇 玉依比賣皇后
皇統第二十七代 軽島日高日子[illegible]天皇 搦立媛皇后
皇統第二十八代 [illegible]天日天皇 上照媛皇后
皇統第二十九代 [illegible]天日天皇 五十鈴媛皇后
皇統第三十代 [illegible]天皇 八耳媛皇后
皇統第三十一代 [illegible]天皇 八千種媛皇后
皇統第三十二代 [illegible]天皇 天野積葉手成明世幸男尊
皇統第三十三代 [illegible]天皇 照建彦世幸男尊
皇統第三十四代 千種[illegible]天皇
皇統第三十五代 千足[illegible]天皇 國明晴澤之男世幸男尊
皇統第三十六代 [illegible]天皇 玉足積媛皇后
皇統第三十七代 [illegible]天皇 玉照若媛皇后
皇統第三十八代 [illegible]天皇 豊秋媛皇后
皇統第三十九代 [illegible]天皇 明立天野菊世幸男尊
皇統第四十代 臼杵不合四十代天日身光天皇 小色幸玉積媛皇后
皇統第四十一代 [illegible]天皇 玉照媛皇后
皇統第四十二代 [illegible]天皇 天津馬鞍之男世幸男尊
皇統第四十三代 依[illegible]天皇 天津多知尊
皇統第四十四代 少名彦男[illegible]天皇 大名形雄姫皇后
皇統第四十五代 [illegible]天皇 秋媛皇后
皇統第四十六代 天饒明[illegible]天皇 晴依媛皇后
皇統第四十七代 天[illegible]天皇 豊秋媛皇后
皇統第四十八代 [illegible]天皇 天津島雄媛皇后
皇統第四十九代 [illegible]天皇 玉載媛皇后
皇統第五十代 [illegible]天皇

皇統第七十代 豊足彦不合七十代天日嗣天皇 豊耕若玉媛皇后
皇統第七十一代 神足別國押之女[illegible]天日嗣天皇 生取彦世幸男尊
皇統第七十二代 國押別神足日子不合七十二代天日嗣天皇 天勝國勝媛皇后
皇統第七十三代 天津[illegible]天日嗣天皇 千載媛皇后
皇統第七十四代 天[illegible]天日嗣天皇 若應島媛皇后
皇統第七十五代 豊[illegible]天日嗣天皇 玉柏媛皇后（早神去） 徳門媛皇后
皇統第八十代 天津玉柏彦不合[illegible]天日嗣天皇 久米依媛皇后
皇統第八十一代 天津[illegible]天日嗣天皇 成瀬豊媛皇后
皇統第八十二代 天津[illegible]天日嗣天皇 田村主姫皇后
皇統第八十三代 御中主[illegible]天日嗣天皇 久米照媛皇后
皇統第八十四代 天地明玉[illegible]天日嗣天皇 登玉媛皇后
皇統第八十五代 天照[illegible]天日嗣天皇 瀬谷幸玉世幸男尊
皇統第八十六代 豊[illegible]天日嗣天皇 國押勝之男世幸男尊
皇統第八十七代 天皇[illegible]天日嗣天皇 豊若依媛皇后
皇統第八十八代 [illegible]國守高彦[illegible]天日嗣天皇 天津明玉媛皇后
皇統第八十九代 [illegible]天日嗣天皇 柏木足中媛皇后
皇統第九十代 [illegible]勝雄之男[illegible]天日嗣天皇
皇統第九十一代 [illegible]天日嗣天皇 天津豊日足皇后
皇統第九十二代 [illegible]天日嗣天皇 高天原建丈世幸男尊
皇統第九十三代 [illegible]天日嗣天皇 豊足日若媛皇后
皇統第九十四代 神[illegible]天日嗣天皇 足秋媛皇后
皇統第九十五代 神[illegible]天日嗣天皇 矢野媛皇后
皇統第九十六代 [illegible]天日嗣天皇 玉依比賣皇后
田鶴媛命
彦五瀬尊
稲氷命
豊御毛野尊命

皇統第百三十四代 神倭三十四代 推古天皇
皇統第百三十五代 神倭三十五代 舒明天皇
皇統第百三十六代 神倭三十六代 皇極天皇
皇統第百三十七代 神倭三十七代 孝徳天皇
皇統第百三十八代 神倭三十八代 斉明天皇
皇統第百三十九代 神倭三十九代 天智天皇
皇統第百四十代 神倭四十代 弘文天皇
皇統第百四十一代 神倭四十一代 天武天皇
皇統第百四十二代 神倭四十二代 持統天皇
皇統第百四十三代 神倭四十三代 文武天皇
皇統第百四十四代 神倭四十四代 元明天皇
皇統第百四十五代 神倭四十五代 元正天皇
皇統第百四十六代 神倭四十六代 聖武天皇
皇統第百四十七代 神倭四十七代 孝謙天皇
皇統第百四十八代 神倭四十八代 淳仁天皇
皇統第百四十九代 神倭四十九代 稱徳天皇
皇統第百五十代 神倭五十代 光仁天皇
皇統第百五十一代 神倭五十一代 桓武天皇
皇統第百五十二代 神倭五十二代 平城天皇
皇統第百五十三代 神倭五十三代 嵯峨天皇
皇統第百五十四代 神倭五十四代 淳和天皇
皇統第百五十五代 神倭五十五代 仁明天皇
皇統第百五十六代 神倭五十六代 文徳天皇
皇統第百五十七代 神倭五十七代 清和天皇
皇統第百五十八代 神倭五十八代 陽成天皇
皇統第百五十九代 神倭五十九代 光孝天皇
皇統第百六十代 神倭六十代 宇多天皇
皇統第百六十一代 神倭六十一代 醍醐天皇
皇統第百六十二代 神倭六十二代 朱雀天皇
皇統第百六十三代 神倭六十三代 村上天皇
皇統第百六十四代 神倭六十四代 冷泉天皇
皇統第百六十五代 神倭六十五代 圓融天皇
皇統第百六十六代 神倭六十六代 花山天皇
皇統第百六十七代 神倭六十七代 一條天皇
皇統第百六十八代 神倭六十八代 三條天皇
皇統第百六十九代 神倭六十九代 後一條天皇
皇統第百七十代 神倭七十代 後朱雀天皇
皇統第百七十一代 神倭七十一代 後冷泉天皇
皇統第百七十二代 神倭七十二代 後三條天皇
皇統第百七十三代 神倭七十三代 白河天皇

皇統第二百六代 神倭百八代 後陽成天皇
皇統第二百七代 神倭百九代 御水尾天皇
皇統第二百八代 神倭百十代 明正天皇
皇統第二百九代 神倭百十一代 後光明天皇
皇統第二百十代 神倭百十二代 後西院天皇
皇統第二百十一代 神倭百十三代 靈元天皇
皇統第二百十二代 神倭百十四代 東山天皇
皇統第二百十三代 神倭百十五代 中御門天皇
皇統第二百十四代 神倭百十六代 櫻町天皇
皇統第二百十五代 神倭百十七代 桃園天皇
皇統第二百十六代 神倭百十八代 後櫻町天皇
皇統第二百十七代 神倭百十九代 後桃園天皇
皇統第二百十八代 神倭百二十代 光格天皇
皇統第二百十九代 神倭百二十一代 仁孝天皇
皇統第二百二十代 神倭百二十二代 孝明天皇
皇統第二百二十一代 神倭百二十三代 明治天皇
皇統第二百二十二代 神倭百二十四代 大正天皇
皇統第二百二十三代 神倭百二十五代 今上裕仁陛下

神勅ニ依リ不合五十九代ノ朝日日ノ守神トシテ皇祖皇大神宮境内ニ祭祀セシ神社

皇祖皇大神宮 一日
別祖大神宮 一日
八幡神宮 二日
年星徳神宮 三日
皇眞王神社 四日
金山神社 五日
天伊勢神社 六日
寶達神社 七日
菝法守天空神社 八日
稲荷福主神社 九日
金巴羅五祖神社 十日
水主破戸神社 十一日
錦津見神社 十二日
八意才智神社 十三日
軍千兆勝神社 十四日
赤池白龍神社 十五日
景信神 〃 十六日
[illegible]馬星神社 十七日
甲子主神社 十八日

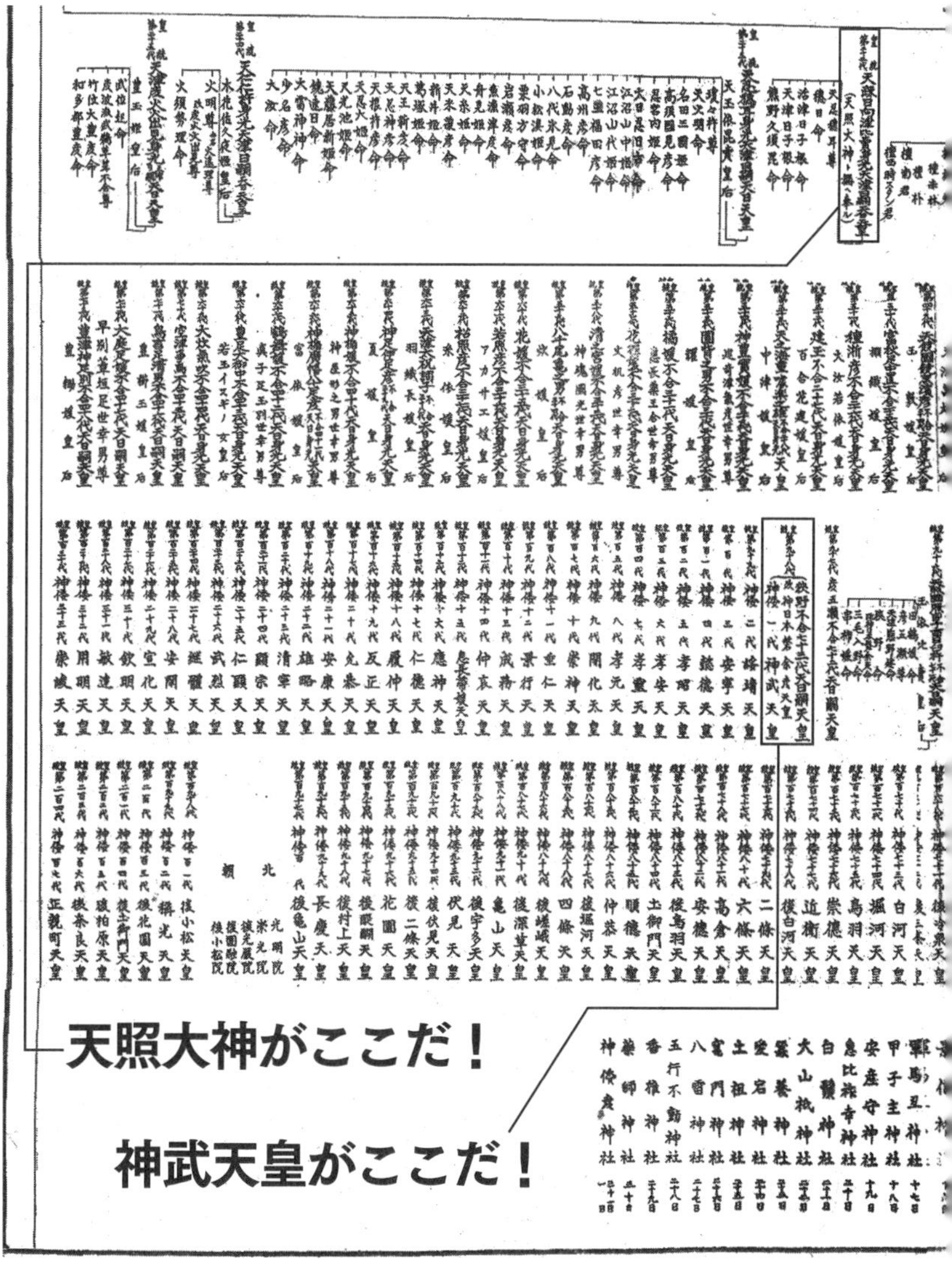
天照大神がここだ！
神武天皇がここだ！

古代日本文明の上にユダヤ系渡来人の文化が重なった

7世紀から平安時代にかけて日本で勢力を伸ばした藤原氏は、『日本書紀』の中で、自分たちに都合のいいように歴史を書き換えました。彼らも中東地域を出発し、東へ東へと渡ってきたユダヤの人たちだった、ということは前にも言いました。

彼らが東を目指したのは、東にユートピアがあるというユダヤの言い伝えを信じていたからです。

ユダヤの、失われた十支族やその子孫は、ユーラシア大陸を歩いて移動した者たちと、船で海に漕ぎ出した者たちがいて、流れ流れて日本にやって来ました。

船で渡って来たユダヤ人たちは、四国の徳島にたどり着いたりしています。徳島には船盡（ふなはて）神社と呼ばれる神社もあります。日本海側の富山に着いて、川を伝い、山を越えて長野県の安曇野（あづみの）に入った人たちもいます。太平洋側から富士川を遡って山梨に入ってきた人たちも多いようです。

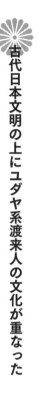

藤原氏が日本で権力をほしいままにする以前に、日本で力を持っていた物部氏や蘇我氏も、

じつはユダヤの人たちなのです。藤原氏より先に日本に到達したグループでした。

物部氏は神道を取り仕切っていました。神道があるから仏教を積極的に導入する必要はないと主張したのが物部氏で、これに対抗したのが蘇我氏でした。

物部は蘇我に滅ぼされ、仏教は国家宗教として導入されますが、特に皇室の周りでは、引き続き神道に基づくお祭りが執り行われ続けています。この神道にさまざまなユダヤのしきたりや仕様が盛り込まれているのです。

日本の古神道では、祈りの場所には磐座（いわくら）があっただけです。神の存在は大自然の中に宿り、特別に祈る対象もない。古神道こそは、本当に宇宙とつながる宗教です。

日本にははっきりとした四季があって、そのために日本人には豊かな感受性が備わっています。春には桜を愛で、虫の音を聞けば「ああ、秋が来た」と思います。欧米人には虫の声は雑音にしか聞こえないようです。この、日本人の自然を敬う心が、そのまま神道になっているのです。

ところが、このアニミズム的宗教の場に、いつの間にか、鳥居が建ち、社（やしろ）が建つようになりました。

古代イスラエルの神殿には、入り口をくぐると手を清める場所があり、拝殿と本殿があるという造りになっているそうです。
神社にある狛犬は犬ではなくて獅子ですが、古代ソロモン神殿の前にもライオンの像があったのです。古代イスラエルには、もうこのような神殿はありません。じつは、日本の神殿には地下室が設けてあって、そこには十字架のようなものが安置されているとも聞きます。モーゼが神から授かった「十戒石板」が収められた聖櫃（アーク）と、日本のお神輿がよく似ているという話は有名です。お神輿を担ぐときの掛け声なども、いまは、意味もわからずに使っていますが、古代ヘブライ語に翻訳すれば意味がよくわかると言います。

神道用語に限らず、日本語には古代ヘブライ語と共通な言葉が、いまでも５０００語くらいあります。ちなみに、伊勢神宮に三種の神器の一つ「八咫鏡」がありますが、その裏面に、古代ヘブライ語の言葉で「われありてある……」と、まさに旧約聖書の中の神の存在が書いてあるのです。

日本とユダヤで共通するしきたりとしては、水や塩で身を清める禊の習慣、初穂を祀って収穫を感謝することなどがあります。また、ユダヤ人の「過越祭」は、穢れを祓う目的で行われますが、日本の「夏越祓」や「年越し」も同様です。

ユダヤの中には、白くゆったりした和服のようで、袖口に四つの房がつく衣服を着る支族もあったようです。まるで宮司さんのような出で立ちです。

神道とは直接の関係はありませんが、割礼の儀式を残す家系があります。皇室もそうです。私の父、堀川辰吉郎も割礼をしていました。

このように、神道はユダヤの影響を強く受けていますが、スタイルが同じでも、神道そのものは自然を慈しみ、天と地を結ぶ宗教としての本質は変わっていません。まさに天と地を結ぶ。そこが、ユダヤ教やほかの宗教といちじるしく違うところです。

日本では、祭祀の長が国家元首なのですから、それだけ祈りの生活が大切だということです。

天皇は、朝5時に起きて祈りの務めをしていらっしゃると、本書の冒頭で書きましたが、そのことを思い出してください。

皇室は国の霊的な統治システム

天皇家は、神武天皇以来、2600年ものあいだ連綿として続いてきました。

しかし、何度も存亡の危機に陥っています。権力闘争の激しかった遠い古代には、蘇我・

藤原の政治闘争のとばっちりを受けて、何人もの皇位継承者が命をなくしました。

また、鎌倉時代に、幕府から統治権力を奪って「建武の新政（建武の中興とも言う）」を敷いた後醍醐天皇が、結局は、幕府勢力に敗れて吉野の山中にたてこもり、「南朝」を興します。京都の「北朝」と対立して、以後60年にわたる動乱を迎えました。この時も、南朝・北朝のどちらが正統の皇位であるか、はげしく対立します。

そういう危機を切り抜けながら今まで続いてきた天皇家は、私から見ると、この地球の中心にあるべくして置かれた存在です。天皇家は、日本という国の霊的な統治システムなのです。どんな困難な時にも、その時々で霊的に天皇にふさわしい方々が即位しています。そのためにずっとこのシステムが続いているのです。

ヘブライ大学の歴史学者で、日本研究もなさったベン＝アミー・シロニーさんもこう言ってました。「本当に日本は不思議です。中国であれば、皇帝とは言っても、力が弱まれば倒されます。敗れた王はいったん葬られても、現政権によってけしからんとお墓が暴かれてしまうことさえあります。ほかの国では、このようなことが憎しみの連鎖になっていきます。ですが、それが普通です。ところが日本では、織田や徳川といった強力な権力者が出てきても、天皇家を倒せとはならなかった」と。

古代エジプト王朝では、王は祭司と言われていました。ところが、権力ももっていたのです。天皇家は、権力者の武将に征夷大将軍といった役割を授与します。日本では、権威と権力とをうまく分けてきたのです。

天皇家のシステム自体が、今後の世界の中心になっていく仕掛けになっていると思います。世界が危機的状況になったとき、どこも何もできない状態になっても、天皇家を戴く日本は必ず力強く機能します。

しかしながら、このようなことを、皇居の中に入ってしまうと発言できなくなってしまいます。

ずっと日本のことを考えてきているのが天皇陛下であり皇室なのですから、もう少し風通しをよくして、日本が世界を救うために、あるいは、日本が滅んでしまわないために、何をすべきなのか、ご意志をお示しになってもよいのではないでしょうか。

いまでは、天皇直系の人間として、天皇家の仕事ともいうべき世界平和への活動に積極的に取り組んでいるのは私のみといった状況になっています。

明治天皇は維新の志士・大室寅之祐だった

今の皇室を考えるときに、もう一つ大切なことがあります。これまでタブー視されてきたことですが、インターネットによる真実を捉えようとする潮流や、私を含めた一部の地道な真実の語り部たちの努力が実り、今ではかなり知られてきた事実です。

それは、明治天皇が、イエズス会のフルベッキの周りに集っていた明治維新の志士たちと一緒にいた大室寅之祐だったということです。皆さんは、その証拠となる写真をご覧になったことがあるでしょうか。

大室寅之祐は後醍醐天皇の末裔です。彼は京都ではなく、長州にいたのです。毛利家がかくまっていたというか、大室家を支援していたのです。

明日香の卑弥呼は天皇になろうとしてもなれませんでした。南北朝時代に現れた北朝は、じつは、この卑弥呼の流れをくむ家系なのです。

その後、北朝では、足利義満が、自分の娘たちを皇室に嫁がせたり、ついには、北朝の女性をはらませてその子を天皇に祭り上げたりしたのです。つまり、この時点で、男系の皇統がいったん途絶えているのです。神武朝と異なるものになってしまった。

このことについて、長州藩にいた後北条家の末裔の志士や吉田松陰が、のちの明治政府の関係者になる人たちに「やはり本来の天皇家の血筋に戻すべきだ」と進言したのです。

山口県出身の安倍晋三さんや、彼の母方の祖父にあたる岸信介さんたちは、大室家となんらかの交流があったと思います。だから、彼らは南朝を守っていこうという気持ちはあるはずです。

幕末、南朝の重要性を説かれた伊藤博文や岩倉具視たちが、この大室寅之祐に徹底的に帝王学を教え込み、天皇に担ぎ上げました。

かといって、それまでの天皇家を軽んじたというわけではありません。かえって、本物の天皇に戻したと言えるのです。大室寅之祐の魂は、神武天皇の魂だったのです。新しい時代の天皇になるべくしてなっているのです。

フルベッキの影響がありますから、明治天皇のお嬢さんのご子息が牧師になっておられて、私に会いにみえたことがあります。「母は、明治天皇から『お前に男の子が生まれたら牧師さんにしなさい』と言われていた」とおっしゃってました。

一方で、悲しいことに孝明天皇（1846～1867）は、35歳という若さで早世なさったことになっていますが、抹殺の可能性もあるとされています。また、殺害されたとカモフラージュして、京都に隠居なさったという説もあります。自分は天皇家の本筋でないと自覚しての行動だったとも言われます。

ただ、孝明天皇は公武合体などを進め、徳川との将来を描いていたこともありますし、攘夷派として過激な行動に出たこともあります。いずれにしても、のちに新政府を担う薩摩・長州とは最後まで意見が食い違っていたことを考えれば、追いやられた可能性も大きいでしょう。

明治政府を立ち上げていく中では、将軍家も激しい権力闘争に翻弄されました。13代、14代の将軍は早死にしています。

それにしても、欧州列藩同盟の追い討ちが始まる前に、新政府と幕府の話し合いによる無血革命は、優れた政権移譲だったと思います。明治維新には、フルベッキもそうですが、グラバーなどの闇の権力につながる人々の暗躍もありました。

あわよくば日本国内で大規模な内戦を引き起こし、国力を疲弊させ、彼らが占領するというシナリオもあったでしょう。現代におけるリビアやシリアの内戦と同じです。

残念ながら、安政の大獄、長州征伐、明治以降の奥州征伐など、いくつかの戦争はありましたが、最終的には、優秀な人材が全滅する事態は避けられました。会津藩などの佐幕派の人材もそれなりに残りました。

無血革命は、幕府の勝海舟と薩摩の西郷隆盛のお手柄ではありますが、なぜそれができたかといえば、その裏には大室寅之祐を即位させること、すなわち南朝の復活があったからなのです。

後醍醐天皇のお墓のあるお寺に立札があります。明治22年に立てられたものです。そこには「明治維新は南朝の確立」と書いてあります。これと併せて、後醍醐天皇を支えた十五の家柄、楠木正成や菊池家などが書き連ねられています。

じつは、西郷隆盛は菊池家と同族なのです。西郷家は南朝に仕える武士だったということです。当時ありえないと思われた薩長同盟が成立したのも、裏にはこの事情があったからと言えます。要は、「南朝の復活」がなければ明治維新は成功しなかった、と言えるのです。

フルベッキと維新の志士の写真が手に入った顚末（てんまつ）

ところで、後醍醐天皇のお墓の立札について、これまで私は本で紹介しているので、多く

写真は私が1枚だけ持っていたもの

世に「フルベッキ写真」として知られる

の人がそれを見に訪れているのだそうです。見に来た人は触れたりもするのでしょう、かなり、朽ちてしまったそうです。

この立札がある寺社の方から「今度は石碑にするので、その際は、この立札のことを世に知らしめていただいた中丸先生の名前も入れていいですか」との問い合わせが届きました。拒否する理由もないのでお任せしてあります。今見に行くと、私の名前が石碑に刻まれているかもしれません。

その場所は吉野です。桜の季節に新聞社の人に誘われて吉野を訪れました。その機会に後醍醐天皇のお墓にも参ったのです。次の日に大阪で私の講演会があったのですが、「先生にぜひ差し上げたい物がある」という人が来て食事に誘われ、そこでフルベッキと明治維新の志士たち、大室寅之祐が写っている写真をいただいたのです。

フルベッキのお孫さんが持っていたのだそうです。差し出してくれた方は、その写真を自分たちが持っていてもしょうがないから、と渡してくれたのです。まさに後醍醐天皇の縁で明らかになった真実と言えるでしょう。

これには後日談があります。この写真を借りたいという人が出てきて、貸しましたら、その後、勝手にあちこちに広めてしまい、ひどい人は、それを原版にして陶製製品にして高く売っていたりします。この写真を表紙にした本を出しているところもあります。今では、なんと、インターネットのウィキペディアに「フルベッキの群像写真」という一項目ができています。本当は、私が1枚だけ持っていた写真なんですけどね。

一方で、大室家の実家は災難を被っています。政治の犠牲になっているのです。明治政府は、長州から新たに天皇に来ていただいたことを隠すため、また、大室家からほかの関係者が現れないように、極力隠したのです。

大室家には南朝の末裔としての土地も相当にありました。ところがそれをまず没収します。それも、同郷で、明治天皇に帝王学を教える役を引き受けた伊藤博文らに分配したのです。

大室寅之祐の弟のお孫さんに会いに、現地を訪ねたことがあります。92歳なのに凛(りん)とした方で、開口一番「お懐かしゅうございます」と言われました。私の長女も一緒だったのですが、会ってすぐに血のつながりを感じたのでしょう、感涙の対面となりました。

ところが、そういう方がいるのに、大室家がある場所は被差別部落になっているのです。これも、のちの人がわからないようにとの隠蔽工作なのです。戦前、縁の人が海軍に取られて、その船を沈められたこともあったということです。

高松宮はお子がおらず断絶となってしまいましたが、断絶する前、高松宮家から、大室家の血を引く男子に養子に来てほしいとの打診があったのだそうです。しかし、それまでの明治政府の仕打ちなどの経験から、大室家のほうは、今度も何をされるかわからない、とお断りになったそうです。

第4章

古代天皇家の謎

日本海は朝鮮半島との交流ルートだった

ここ数年、日韓関係が悪化していることを示すニュースが後を絶ちません。韓国の歴代大統領が、日本に対して「反日発言」を繰り返し、韓国の新聞論調もそれに同調する社説を述べたりしています。

もっとも反響の大きかったのは、李明博（イミョンバク）前大統領の、2012年8月、竹島訪問当時の発言でしょう。

「(日本の天皇も) 韓国を訪問したければ独立運動で亡くなった方々を訪ね、心から謝るのがいい。何か月も悩んで『痛惜の念』なんて単語一つをもって来るのなら、来る必要はない」と述べたと報じられました。この発言で、韓国に対する日本人の印象は大きく変わりました。

朴槿恵（パククネ）現大統領も、2015年8月3日、訪韓した岡田克也民主党代表との会談で、慰安婦問題に関して、安倍政権を批判しました。

「安倍政権は、韓日間の最重要課題である慰安婦問題を、早急に解決すべきだ。今年に入って被害者の女性が、7名も他界した。もう48名しか、この世に残っていない」

政権同士の対立は、国の威信をかけたものですから、そう簡単に解消するというわけにもいかないのでしょうが、他方で、両国の一般の人々は、互いに訪問しあっています。その交流が途絶えない限り、懸案の問題の解決は必ずできるものです。

古代史をひもとくと、日本列島と朝鮮半島の交流は、驚くほど活発に行われていたことがわかります。

古代の朝鮮半島に「楽浪郡（らくろうぐん）」という地域があったということはよく知られています。中国・前漢の皇帝・武帝が前2世紀末に設置した4郡のうちの一つです。楽浪は、現在の平壌付近の名前です。西暦82年ごろ中国で書かれた『漢書（かんじょ）』という史書に「倭人」という言葉が初めて出てきます。

それ楽浪海中に倭人有り。分かれて百余国を為す。歳事を以て来り、献見すという。

この文は、「楽浪郡の先の遠方の海上に倭人がいる。百余国に分かれている。そして、漢帝国に定期的に朝貢している」という内容です。

ここに出てきた「倭人」というのが、日本列島の住民であるとは、じつは断言できません。なぜなら、4世紀初めまで、半島南部はいわゆる三韓（馬韓・辰韓・弁韓）に分かれていましたが、最近の研究では、対馬海峡に面したかなり広い地域（現在の釜山を含む）が、「倭」と呼ばれていたことが明らかになっているからです。

この「倭」の住民である可能性のほうが高いのです。日本列島にも同族の「倭人」がいたとするのが、通説になっています。

また、2世紀半ばごろ、多くの高句麗人が日本海を横断して日本列島に至り定住しています。さらに、4世紀になると、北アジアの騎馬民族が高句麗と新羅を征服します。騎馬民族の支配者が、高句麗人の兵力をともない、新鋭の武器と馬によって日本海沿岸から列島に侵入しました。『日本書紀』に「高麗の使人…越の岸に到れり」とある「越」は新潟や能登半島のことで、高句麗人は北九州経由ではなく、日本海を渡って来たことを示すものです。

このように、日本海は高句麗と日本本州をつなぐルートとなっていました。新興の騎馬民族と高句麗人は半島や沿海州から日本海を横断して列島に入り、今日の岐阜県・長野県・山

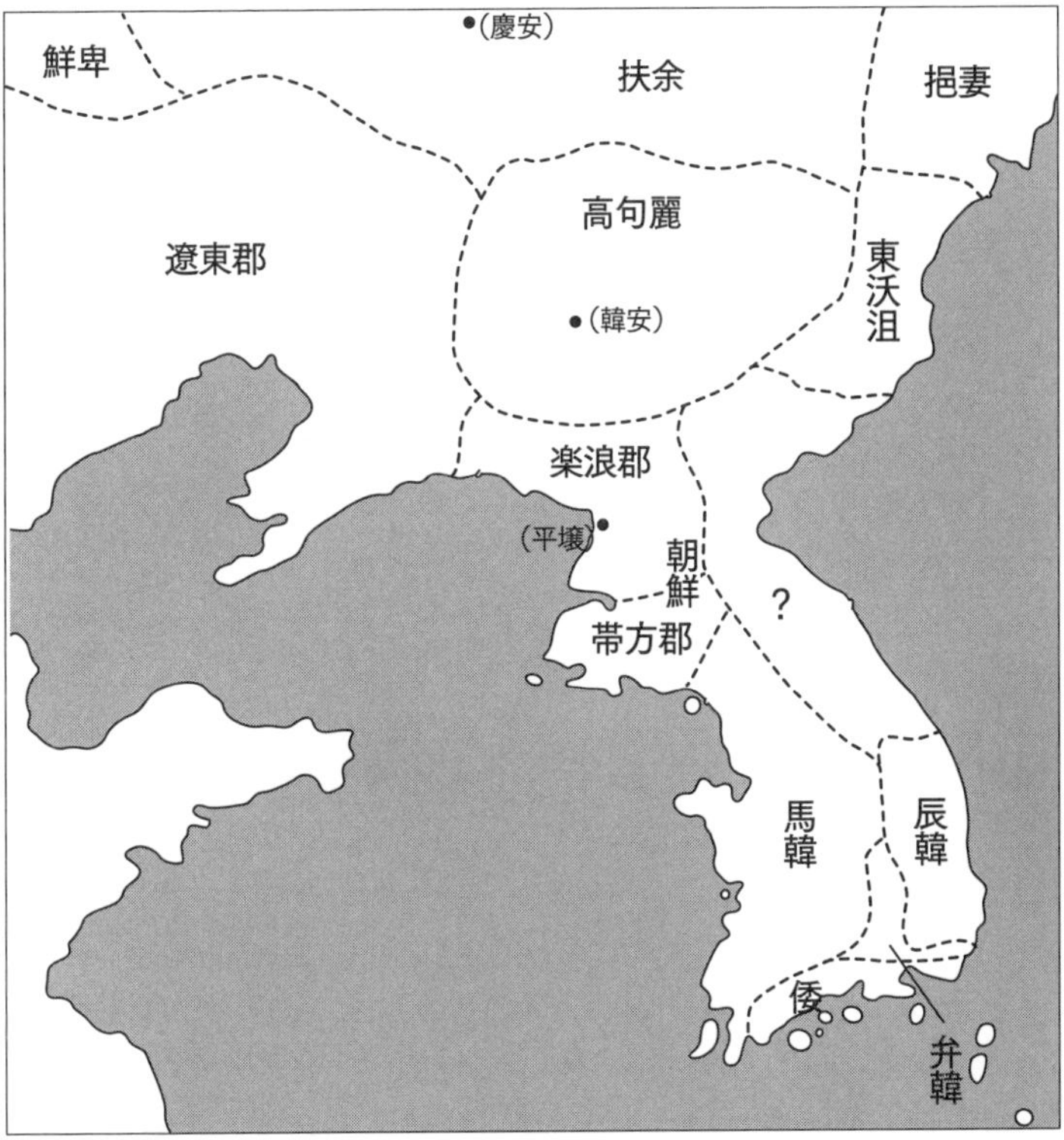

百済、新羅、伽耶が成立する直前の朝鮮半島

地図上の馬韓が百済に、辰韓が新羅に、弁韓が伽耶へと発展していく。
出典：『古代朝鮮』井上秀雄　NHKブックス

梨県などに強固な基盤を築くに至ったのです。波状的に到来した高句麗勢力は、668年に高句麗自体が唐・新羅連合軍に滅ぼされた後も日本に数多く残り、西日本とは異なる東国文化圏を形成したのです。

高句麗人との関係がとりわけ深いのが長野県で、駒ヶ岳の「駒」は、高麗（高句麗）のことです。武蔵の国に置かれた、「高麗郡」は、高句麗から亡命した貴族や要人とその家族1800人が、信濃から移されてできた場所です。

このように、古代から、日本人・半島人・大陸人の往来が頻繁であったということを裏づける考古学的資料は、近畿地方・北九州地方がとくに多いものの、日本各地から数多く出土しています。

逆のルートで日本から朝鮮半島に渡ったものもたくさんあります。例えば、新羅の遺跡からヒスイの勾玉を装飾に用いた王冠が出土していますが、このヒスイは、青森の三内丸山の縄文遺跡からも発見されたものと同じで、どちらも新潟県糸魚川周辺を産地とするものです。

古い古い昔から、日本海は、朝鮮半島と日本とを隔てる障壁ではなくて、二つを結ぶ交易・交通のルートだったのです。

遣隋使や遣唐使が、朝貢のため中国に渡りますが、長い交流の歴史の中で、数知れぬ人々が大陸から日本に渡ってきました。シルクロードを通って中国に達したヒトやモノも、渡来しました。

シルクロードは中国と地中海世界を結ぶ交易路ですが、陸路・海路いくつもの「ルート」がありました。最近の研究で広く知られるようになった北の「ルート」があります。「北の草原ルート（ステップルート）」と呼ばれる交易路がそれで、日本海沿岸や黒龍江（アムール川）地域から、このルートを西に直進すれば、かつてスキタイ人が活躍した中央アジアのステップ地帯を通って地中海地域にまで出られます。

草原ルートの最大のメリットは、砂漠地帯を迂回できることです。そして何よりも中国に干渉されることなしに通行できることでした。中国には見られないペルシャなど西アジアからの文物が日本で多く発見されているのは、こうした理由によるものです。

聖徳太子の母とは

聖徳太子の母は、生年も享年も不明であり非常に謎が多い女性です。聖徳太子について解説した本には、「太子の父は用明天皇、母は用明天皇の異母妹・穴穂部間人王女（あなほべのはしひとのひめみこ）である」と書いてあります。

読みの「はしひと」にあたる漢字が「間人」です。

この「はし」は、新羅（しらぎ）の真興王が城を築いた「阿羅波斯山（あらはしさん）」の「波斯（はし）」と同じ意味です。漢字で「波斯」と書けば、ペルシャのことを指します。つまり、太子の母の名前は、遠くペルシャに淵源を持つということを暗示しているのです。ちなみに、「阿羅」は、4世紀に百済、新羅と鼎立（ていりつ）した伽耶（かや）（任那（みまな）とも）のことを指します。

また、間人皇后には同名の穴穂部王子（あなほべのみこ）という弟がいました。この名前の「穴」は、「阿羅」と同じで、伽耶のことを指します。

伽耶は、聖徳太子が生まれる前にすでに新羅に吸収されて滅亡しています。伽耶の王族や貴族は、半島に離散したもののほか、日本列島に移住するなどして、その後も重要な役割を果たしました。

聖徳太子という名前は、太子の没後100年以上たってからできたもので、若い頃の大使は、厩戸王子（うまやどのみこ）、あるいは上宮太子（かみつみやのたいし）と呼ばれていました。

厩戸王子と呼ばれたいわれについて、伝承されてきた話があります。

母の穴穂部王女の夢に救世観音（ぐぜかんのん）の化身である「金人（きんじん）」が現れて生誕を予告し、それから1

年後の正月1日に太子が生まれたという。キリストの「受胎告知」とそっくりの話です。皇后が厩屋の前に来た時に太子が生まれたので「厩戸王子」と呼ばれたのだというものです。

日本と新羅との密接な関係

かつての日本は、唐王朝になった中国とよりも新羅との交流のほうがはるかに多かったのです。飛鳥時代から平安時代にかけての150年の間に、日本から新羅に派遣された使者は、記録されているだけでも31回あります。遣唐使は10回ですから、3倍もの公式派遣があったのです。さらに新羅から日本に来た公式の使いは45回でした。

邪馬台国の卑弥呼が、239年、中国（魏）に使者を送ったことは教科書にも載っていることですが、卑弥呼が新羅にも使者を遣わしたことは、日本の史家から無視され続けてきました。当時まだ小国にすぎなかった新羅に卑弥呼が使いを出したということは、卑弥呼が新羅と縁の浅くなかったことを意味しています。

古来、日本には高貴な女性が新羅からやってきたという伝説や説話が多く、それは新羅の記録も裏づけていることです。

福岡県の香春神社の祭神・辛国息長大姫大目命は新羅から来たと伝承されており、神功皇后も新羅からきたとされています。

また、『日本書紀』に出てくる持統天皇（天武天皇の妃）の幼名「鸕野讃良」の「さらら」とは新羅のことで、新羅（Silla）の原音に近い。

このように、新羅は倭国の成立に重大な役割を果たしていました。距離的にも高句麗や百済より近く、6世紀の前半には、日本と新羅が連合していた時期すらありました。

新羅の「文武王」は日本の「文武天皇」なのか

新羅・高句麗・百済の三国時代を経て、新羅が7世紀半ばに半島を統一しました。唐の軍勢を排除して最終的に半島の統一を成し遂げたのは文武王です。

この文武王は、681年に没して火葬されたと言われます。半島統一の功績によって「文武大王」という尊称のある人物であるにもかかわらず、不思議なことに古墳も墓も残っていません。あるのは「水中陵」と呼ばれる海岸の岩場だけです。大王の遺言に従って火葬された灰を入れた石棺がこの岩場に沈められたという説もありますが、これも伝承に過ぎず、それを立証するものは一切ありません。その上、この当時、火葬は一般的ではありませんでした。

文武王が新羅の都から姿を消して間もない頃のこと、有名な仏国寺のある吐含山（とがんざん）の山中に、崖の内部を切削して巨大な石仏が造られました。これが石窟庵です。花崗岩の本尊仏をはじめとする何体かの仏像と、現在にまで原型を保つドーム天井は、統一新羅の科学と芸術の粋と評され、１９９５年にユネスコの世界遺産に登録されました。

不思議なことに、20世紀の植民地時代に日本人の郵便配達員によって偶然発見されたこの秘仏は、日本海を望んで真東に向いているのです。

一方、倭国（大和（やまと））では、文武（ぶんぶ）大王が死んだとされてからしばらくして、軽皇子（かるのみこ）が文武（もんむ）天皇として即位しています。この軽皇子も謎に包まれた人物で、いずこからともなく日本の歴史に突如として登場するのです。正史においては天武天皇の孫とされています。

吉野宮（よしののみや）にいた軽皇子を、天武天皇の妃・「鸕野讚良（うののさらら）」が頻繁に吉野に訪れる様子が『日本書紀』に記録されていますが、吉野は、引退した政治家が蟄居（ちっきょ）することはあっても、年少の皇子が何年も住むようなところではありません。

ここに、歴史に秘められた謎が浮かび上がってくるようです。

文武天皇は、大宝律令を規定して律令制度を完成させるなど、古代日本を築いた名君として非常に誉れが高い人です。697年に15歳で即位したとされますが、この年は、新羅の文武大王が「東の海」に姿を消したという伝承時期にほぼ一致します。

文武天皇は、生まれつき白髪だった、書いた漢詩が青年らしくない、「天之真宗豊祖父天皇」という諡号がおくられた、など、かなり高齢であったと考えられています。

かつて日本には「白髪天皇」と呼ばれた天皇が二人いました。一人は天武天皇（42代）、もう一人は雄略天皇（21代）の子、清寧天皇（22代）です。二人とも生まれつき白髪で、人民を慈しみ、子供がいなかった、という不思議な共通点があります。文武天皇の実際的な年齢から判断して、天武天皇の孫ではなく、子だったとすると、この二人の天皇にはさらなる共通点を見出すことができます。

- 父親（雄略天皇／天武天皇）が専制君主であった
- 母親と共に統治した
- 母親の名に国名がある（葛城韓姫／鸕野讃良）

日本の古代史には、なお多くの謎が秘められているのです。

今上陛下（明仁天皇）は、2001年12月の天皇誕生日を前に開かれた記者会見で、こうお話しになりました。

「私自身としては、桓武天皇の生母が百済の武寧王（ぶねいおう）の子孫であると続日本紀に記されていることに、韓国とのゆかりを感じています」

「ゆかり」という言葉で天皇家のルーツに言及したのです。桓武天皇（50代）は8世紀末に即位なさった天皇です。

さらに、2014年9月、外務省の鶴岡公二総合外交政策局長（当時）が両陛下に対して「ご進講」した際、次のように発言なさったと伝えられました。

「いつか私たちが、かの地を訪れることができるようになればよいのですが。これからも日本と韓国が友好的な関係を保てるよう願っています」

悠久の時を隔てて手をたずさえてきた、天皇家と朝鮮半島との交流が、少しでも早く、ふたたび実現する日の近いことを心から望みます。

天皇家に連なる者の一人として、韓国にも北朝鮮にも知己が多い私も、その実現に向けて努力を惜しまないつもりです。

第5章 「金王朝」三代に隠された秘密

実現寸前までいった金正日総書記との独占会見

私は、日本の国際ジャーナリストとしては、早くから数多く北朝鮮を訪問している数少ないジャーナリストです。本章では、そんな私の北朝鮮との関わりをお話しします。

私は2010年4月初旬、北朝鮮の平壌(ピョンヤン)を訪問しました。6回目の訪問です。金正日総書記との会見が訪問の目的でした。

地方巡回中の金正日総書記の代理として会ってくださったのは、金永南(キムヨンナム)さんです。最高人民会議常任委員会委員長。金永南さんは、金正日総書記に次ぐ、北朝鮮政府のナンバー2です。国会議事堂の一室で独占会見に応じてくれました。この方は、北朝鮮を訪問する各国の国家元首や外国政府要人と会見を行う立場の方です。

「金正日将軍は、中丸先生のことは非常によくわかっていて、ぜひお会いしたいと思ってい

北朝鮮No.2 金永南氏との独占会見
（2010年4月14日）

ます。今回は地方をまわっていてお会いできないので、自分が代わりにお会いするように頼まれてこの場に臨んでいます」と、金永南さんはおっしゃいました。

金永南さんは、次回はきっと独占会見ができるだろうと請け合ってくれました。その後もコンタクトは取りつづけていましたが、2010年3月の韓国軍哨戒艦沈没事件をめぐって南北が臨戦態勢に入ったことで延期せざるをえませんでした。

コンタクトと言えば、その年の6月、知り合いの編集者と話している時にケータイ電話が鳴りました。「非通知」になっていたので、誰からだろうと思って出てみました。ふだん私は非通知の電話には出ないのですが、一人ではなかったので出たのです。なんと、私が平壌で金永南さんと会談した時の通訳の方からでした。「中丸先生、今度はいついらっしゃいますか？」と聞いてきたのです。金総書記が待っています、ということでした。

この人の通訳は完璧な日本語でした。聞けば金日成総合大学で外交コースを勉強したそうです。その中の日本語科で勉強して、日本には一度も来たことがないそうですが、本当に、日本人と同じ物腰でした。すごく丁寧だし、立派な外交官です。あんな小さな国の外交官たちが、世界中を振り回しているように見えます。日本ではああいう外交官はちょっと見たことがありません。

いつものことですが、北朝鮮に入るのは北京経由です。通訳の人には、先に中国に寄って、胡錦濤主席や温家宝首相に会って、そのあと北に入るとお伝えしました。ですが、日程の調整などに手間取っているあいだに延び延びになるうちに、２０１１年12月、金正日総書記は死去し、独占会見は実現できませんでした。

北朝鮮のいま

北朝鮮を訪問していると聞いて、経済状態が相当ひどくなっているのではありませんか、と質問してくる人がいます。それは、日本や韓国と比べれば大変なのでしょうが、目に見えてひどいとかおかしいということはありません。2010年に泊まった高麗ホテルには世界中からお客さんが来ていました。金日成主席の誕生日のお祝いがあったせいでしょうが、アメリカ人、カナダ人、南米、中近東、アフリカの方など、世界のあらゆる地域からのお客がいました。連れていったカメラクルーも、日ごろテレビで紹介される「悲惨な暮らし」などとはまったく違う雰囲気にみなびっくりしていました。ホテルのメイドさんにしても、ホテルのショップで働いている人にしても、みんなすがすがしいという印象です。日本でも、どこの国でも見かけるすれた女性というのにも出会いません。ひとことでその印象を言えば「清廉」という感じです。

それでも、デノミネーションの失敗の責任を取らされて処刑された人がいるというニュースが2010年3月に報道されましたが、それはどういうことでしょう、と質問する方もいます。

私の『中丸薫という生き方』（徳間書店5次元文庫）を朝鮮語に訳してくれた人がいます。「訳者の言葉」のところを日本語で訳して見せてくれたのですが、本当に私のやろうとしていることを理解して書ける人だ、と心から信頼している方です。その方がこういう話をしてくれました。

処刑されたのは、朝鮮労働党の朴南基（パクナムギ）計画財政部長（当時）ですが、30年間にわたって「この国家がダメになるように、ダメになるように」と、財政問題で抑えてきた人だということがわかってしまった。「そういう意味では、銃殺されても仕方のない人でした」と言っていました。金日成主席の時代には、財政問題担当の素晴らしい補佐役がいて、その人が、金日成さんが「こうしよう」と言っても、「いや、それはダメです。国のためにはこっちのほうがいい」と信念を貫いた素晴らしい人なのだそうです。その人が亡くなった時は、金日成さんがその人の棺の前で号泣したそうです。朴南基氏は、この国が経済的にはダメになるように進めてきたのをそれまでは見破られなかったけれど、デノミをして初めてそのことがバレたらしい。「銃殺されてもしょうがないですね」と言っていました。国民もそのことはわかっている、という言い方でした。

この時の訪問の際には、女性を大切にしよう、という意識がよくあらわれている場所をいくつか取材してきました。

2千ベッドもある大きな産院（平壌産院）を訪問しました。お産というのは、世界中のお母さんがそうでしょうが、いろいろな病気が併発することがあります。腎臓の具合が悪くなったり、歯がもろくなったり、その他の婦人病も出ることがあります。そういう予期せぬ病状が出てもすかさず対応できるように、専門医と設備が揃っている病院でした。しかも北朝鮮ではすべての医療費は無料です。

また、働くお母さんのための保育園も充実していました。ジャーナリストとか大学の先生、女医さんなど、四六時中動かなければならないお母さんたちが、月曜日に預けて土曜日の朝に迎えにいけるようになっています。1歳から6歳までの子どもたちを預かります。読み書きを教わったり、お話を聞いたり、アコーディオンとかピアノを習ったり。訪問した保育園では、そういう子どもたちを500人預かっていました。子どもたちを扱っている保母さんたちも、さきほどの「清廉」という言葉がピッタリの人たちでしたし、なにより子どもたちが、それは生き生きしていました。そういう保育園が、平壌だけで4か所あるということです。もちろん、子どもを朝預けて夕方引き取る普通の保育園は全国津々浦々に完備されているということでした。

他にも、「少年宮殿」という、もう40年も前に40億円ほどかけて作った、学童のための教育施設も訪問しました。学校の授業が終わってから、毎日5千人の生徒が集まります。127のクラスがあって、テコンドー、バレエ、バイオリン、刺繍、書道などを学ぶことができるようになっていました。

その子どもたちが、私のためにコンサートを開いてくれました。本当に心が洗われる澄んだ歌声でした。私は、ロンドンでもニューヨークでもパリでも、オペラを鑑賞したことがあるし、いろんなパフォーマンスを見たことがありますが、どこに出しても負けないすばらしいものでした。これだけ子どもたちを大切にしているのは感動的な光景です。

地下鉄の駅の綺麗さにもカメラクルーは驚いていました。立派なシャンデリアが下がっていて、「オペラ座みたい」と声を出していました。次の駅でも、壁には色違いの石をモザイクした絵模様（たとえば、片方の壁には大同江越しに見えるチュチェ思想塔、一方にはその対岸の風景を描いた駅）、天井にはシャンデリアです。

カメラクルーは、金策工業総合大学電子図書館という大きな図書館も取材しました。金策（キムチェク）という人は、朝鮮戦争の時に金日成主席を助けてものすごく活躍したのですが、戦死してしまった人です。金日成さんは、戦死した金策将軍をいたく嘆き悲しんで、その功績を称えてこの大学をつくったということです。工業大学という名前ですが、16の学部からなる総合大学で、学生数1万5千人、教師が2千人という大きな大学です。取材に訪れた電子図書館は、デスクトップ・コンピュータが数十台ずらりと並ぶ教室が何室も連なっていて、学生たちが、画面を操作しながら、目録から目当ての参考書を探したり、データにアクセスしてノートに記録したり、熱心に勉強していました。蔵書が200万冊、データベースが1150万冊あると、案内してくれた、ここの大学の卒業生でもあるお嬢さんが誇らしげに話してくれました。各地の大学を結んでオンラインのネット授業ができる講義室もありました。

こういう光景に接して、北朝鮮の、国を挙げて「自主独立」でやっていこうという意気込みがひしひしと伝わってきました。

1994年、金日成主席死去の際に現場に

私が北朝鮮を最初に訪問したのは1994年7月6日です。金日成主席の招待で平壌に初めて入りました。

その年、金日成主席と金泳三(キムヨンサム)韓国大統領の南北朝鮮のトップが平壌で会談を行うことになっていました。西側のマスコミは韓国側には入れましたが、北側には誰も入ることができない状況でした。それで、NHKや、キー局の報道局長がみんな私のところにきて、「先生は、これまでいろんな国の元首にインタビューしていらっしゃるのだから、このたびも、北の金日成さんと独占会見してください」と言われて、会見のアレンジメントをニューヨーク在住の北朝鮮の外交官に電話でお願いしたのです。

それには、こういう事情がありました。

それに先立つ5年前、1989年5月に、私は、ニューヨークで第1回「世界平和のためのシンポジウム」を開催しました。世界100か国から参加者・記者団を集め、大成功のう

金日成主席死去の後、帰国してフジテレビ「モーニングショー」に出演して現地での様子を伝えた

ちに終えることができました。第2章で詳述しましたが、日本の経済界、自動車業界、製造業界など各種団体から協賛を取りつけて、ご支援をいただけるところまで行ったのですが、土壇場で法律が変わって、期待していた送金が来なくなった、という試練もありました。が、それはともかく、自分のお金を工面して開催にこぎつけました。前日に国連本部の一室をお借りして、世界100か国の記者団を前に記者会見を行いました。おおむね理解ある反応をいただきました。「日本の一民間女性がたった一人の意志でこれだけ大きなことをするとは信じられない」という意見が多くありました。

そのシンポジウムの後、しばらくして、私のニューヨークの事務所に訪ねてきた方がいました。その方は、金日成主席の特使であるとおっしゃって名刺を差し出し、金主席のメッセージを伝えてくれたのです。「個人の力で１００か国も集められたのは素晴らしい。今度は私の国でシンポジウムを開催していただきたい」というありがたいものでした。

日本のマスコミから金日成主席との独占会見と言われた時にその方のことを思い出し、名刺を探し出して、ニューヨークに電話をしました。名刺をくださったのは、北朝鮮国連大使の申善虎（シンソンホ）さんだったと思います。「十日ほど待ってください」と電話でおっしゃって、その結果、１９９４年7月6日に平壌に入りました。

金日成さんの招待ですから、その時も、万寿台（マンスデ）の国会議事堂の一室で、まずお目にかかったのは、当時のナンバー2の金容淳（キムヨンスン）さんでした。南北朝鮮統一の委員長で、アジア太平洋委員会の委員長という要職についておられた。その場で私は「偶然に起こる戦争なんてまったくないのです。全部仕掛け人がいて、戦争当事国双方に武器を売って儲けている闇の権力というものがあるんです」という話をしましたら、「そういう国際情勢の分析というのは初めてうかがいます。先生、一日も早く本を書いてください。われわれにはゲラのうちから読ませてください」と大変な興味を示してくださった。そういう本を書こうとして出版をしたのが『〝闇〟の世界権力構造と人類の針路』（文芸社、１９９７）です。

金容淳さんは、その席で、7月12日午前10時に金日成主席と会談ができると伝えてくれたのでした。

ところが、7月9日正午、驚くべき発表が行われました。なんと、金日成主席が8日午前2時に亡くなったと報じられたのです。

平壌から北へ160キロメートル、車で2時間ほどのところに、妙高山という保養地があり、そこに金日成さんの別荘があり、会談はそこで行われることになっていて、会場の下見をしに訪れていて心臓発作で倒れたという。

発表のあった9日正午過ぎ、私が外から高麗ホテルへ帰ってきたら、みんな涙、涙でまぶたを泣きはらしています。私の通訳をしてくれていた女性も、私が「みんなどうして泣いているの？」と聞いたとたんにワーッと泣き出してしまいました。「とにかくお部屋へ行きましょう」ということで、部屋に行ってテレビをつけたら、金日成さんの大きな銅像（万寿台大記念碑）の前で、万を超える数の国民がみんな泣き伏している様子が映しだされていました。

そうしているうち、私の部屋に直接いろいろなテレビ局から電話がかかってきました。久米宏さんの「ニュースステーション」からも、「先生、窓の外を見てください。戦車が走っていませんか？」と聞かれました。私は外に出て、国民が泣き伏している前で手にしたマイクに向かって「全国民が悲しんで喪に服しています」と伝えました。その声がインテルサットを通じて全世界に流れました。韓国では、日本のNHKや各局の番組に出ている私の姿を撮って、それをテレビで放送したそうです。

私は7月12日に北朝鮮を出ました。北京空港では、200社くらいのカメラマンや記者に取り囲まれてモミクチャにされそうになりました。私が押しつぶされそうになった映像がそのまま日本でも報道されたので、日本に着いた時は、日航の課長クラスの人が飛行機の中まで来てくれました。「あの映像を見て、各局がインタビューできるようにちゃんとお部屋を用意しましたから、そちらまでご案内します」。そして、私は記者会見を行いました。アメリカの新聞記者たちもCBSなどテレビ局の記者たちも、「あなたのあの一声があったから世界は鎮まった。そうでなかったら、みんなクーデターかと思った。韓国も臨戦態勢をとって38度線まで行っていた」と言っていました。

2010年、金日成さんが亡くなって16年目の4月に訪問した際には、金日成さんの大きな銅像の前にお花を捧げてお参りしましたが、16年前の放送を思い出して感慨新たなものがありました。ちょうど結婚式をあげたばかりのような、新婚カップルが正装して金日成主席に向かって結婚の報告をするのでしょうか、やはりお花を捧げるほほえましい光景も目にしました。

2000年、万景峰号で夫と再訪した時

まだ金容淳（キムヨンスン）さんが生きていらっしゃる時、国賓待遇でお招きするから家族と一緒に来てください、とお招きを受けて夫（中丸忠雄）と一緒に船で行ったことがあります。2000年9月、あの万景峰（マンギョンボン）号で行きました。

着いたのは9月8日でした。次の日、北朝鮮の建国記念日ということで式典に出席しました。各国の大使や外務大臣などがいるテーブルに私たち夫婦も着きました。日本人夫婦は私たち二人だけでした。

中丸は、もともとちょっと血圧が高めだったのですが、船の中でも辛いものを食べていましたからまた少し血圧が上がっていたかもしれません。乾杯の時に、朝鮮ニンジンの入った強いお酒を小さなお猪口で二、三杯飲んだのです。私も少しいただきました。その日の真夜中、「苦しい。息ができない」と言いながら窓をあけて苦しみ出したのです。脂汗が出てい

たのを見て、私はまず夫に光を入れて意識を失わせないようにしてから、急いで隣の部屋にいた通訳さんに「医者を呼んでください」と頼みました。夜中の12時くらいだったでしょうか。ホテルに常駐している医者が二人駆けつけてくれて、血圧を測ったら300まで上がっていました。「早く注射を打つなり、他の治療をするなりしてください」とこちらも切羽つまってお願いするのですが、そんな血圧の高い状態で手当てするなんて怖くてできない様子でした。大慌てであちこち電話をかけはじめて、最終的には7、8人医者がやってきました。

夫は、私が光を入れていたので意識はずっとあったのです。でも、そのうち口から泡が出てきた。心臓麻痺で亡くなる人は口から泡が出たらもうダメだといいますが、夜中の3時頃ようやく病院の集中治療室に入りました。有名な烽火（ボンファ）診療所だったかどうか名前は覚えてはいませんが、毎日お見舞いに行きました。血圧が180に下がるまで1か月かかりました。ようやく同じ船で日本へ帰ることができました。

帰国後、日赤病院に行って、何がどうだったのか調べてもらいました。それも1か月ぐらいかかりました。大動脈にカルシウムが詰まっていました。だから、いつああいう発作が起きても不思議はなかった。もし私がそばにいなかったら、もう救急車を呼ぶ電話をかけることもできなかった。北朝鮮で私と一緒だったのは幸いでした。そして、平壌の医療チーム10

人の治療を受けられたことも幸いしました。日赤のお医者さんに、北朝鮮で処方されていた薬を見せたら、「すごい治療をしています。全部ドイツの薬です」と言っていました。

思いがけず1か月の入院ということがあったおかげで、普通の人の見られない朝鮮の姿も見ることができました。毎朝、病院の前の通りを小学生たちが元気に歌を歌いながら学校へ通う姿を目にしていました。その歌声を聞いて、「この国はすごいね」と中丸が言っていました。

病院の女医さんともお話ししました。彼女の家は貧しい農家だったけれど、きょうだい5人が全員大学までタダで学ばせてもらった。「3人が医者になり、2人が外交官になりました。将軍様のおかげです」と話してくれたのが印象的です。

日曜日、外を見るとみんなでお庭の草むしりをしています。その中になんとその病院の院長がいるのです。回診の際には病院長が20人くらいをぞろぞろ従える「大名行列」というのがある日本では考えられない光景です。

そういうのを見て、夫は「世界のどの国が潰れても、この国は潰れないんじゃないだろうか」と言っていました。

じつは、中丸が入院した時に、金正日さんが、「すごく大切なお客様だから、全力を尽くすように」と病院に何回も電話して最高の治療の手配をしてくださっていたのです。別の機会に私が一人で平壌を訪問した際も、朱塗りの花瓶に自分の手で書いたカードを添えておみやげを下さったり、ずいぶん細やかな心遣いのある人なんだと私は感じていました。

そういうご縁ですから、金正日さんは、「中丸先生は、父が独占会見でご招待した方だ。独占会見をするとしたら中丸先生以外にはない」とずっとおっしゃっていたそうです。

夫・中丸忠雄は、心臓手術を順天堂病院で受け、2009年4月23日に亡くなるまで10年、普通に元気に過ごしていました。

核問題から平和の東アジアへ

先ほどもお話ししたように、2010年4月の平壌訪問では、金正日総書記にお会いできなかったのですが、金永南（キムヨンナム）人民会議委員長と会談しました。他の政府高官も含めてお話しする機会もありました。まず、私は「北朝鮮はどうして核兵器を持とうとしたのですか」と聞いてみました。北朝鮮は、2006年の第1回に続いて、2009年5月に第2回核実験を成功させたと発表して、世界中から非難を浴びました。

私が思った通り、彼らはイラクの状態を観察していたようです。1年がかりで国連の査察委員会がイラクの隅々まで調べて、大量破壊兵器はない、他にも何もないとわかっているのに、アメリカ軍は2003年、イラクに侵攻しました。それを見ていて、「我々のような小国は、やっぱり自衛のために何か持たないとああいうふうにやられてしまうのだ」という恐怖感を抱いたもののようです。「何か」というのは、この場合核兵器以外にはありえません。

この話を聞いて思い出したのは、かつてカダフィ大佐が言った言葉です。「カダフィさんは、自分がアラブのリーダーみたいになって、イスラエルに対していろいろなことを言ってますが、それよりももうちょっと世界と協調して行ったらどうですか」という私の問いかけに答えたものです。「闇の権力は、アメリカを乗っ取って、今はアメリカをフロントに立たせている。もし自分がひざまづいた場合、彼らはそれで手を差し伸べて、じゃあ一緒にやって行こうなんて言わない。その代わり、頭の上からトンカチでぶち割るんですよ」という言い方をなさった。

イラクへのアメリカのやり方を見ていると、まさにその通りでした。サダム・フセインが自分の宮殿まで明け渡して、全部を見させて大量破壊兵器の証拠など何もないとわかっていながら、自分たちがあの国からオイルを奪いたいばかりに無理やり戦争をしかけた。イラクは、アラブの中でも一番しっかりした機構を持った国だったのです。女性たちも第一線に立って働いていたし、大学教育でも40％近くは女性が占めていた。それが本当にめちゃくちゃにされてしまって、アメリカは、ベトナム戦争のときと同じように泥沼にはまってしまいました。

こういうのが、私がずっと言ってきた「力の道」なのです。言うことを聞かなければ爆撃するよと言って、イラクも爆撃したし、あちこちで同じようなことをしている。そういう政治、「力の道」で世界は一体平和になりましたか？ 難民が出たり、普通の人々が苦しみ、国は不安定になるばかりで、いいことなんてちっともなかったではありませんか。今、現在シリアで行われていることも、じつは同じなのです。ＩＳはアメリカのＣＩＡがつくった組織なのです。

この時の北朝鮮訪問でも、迎賓館で政府の要人たちと昼食をとりながら、直接金正日さんに意見を上げていく人たちとお話ができました。私も、自分の思うところを存分に彼らに伝えました。金正日さんが平壌で外国人と会ったのは、当時の4年間で中国の温家宝首相だけです。金永南さんは、国家元首格の方です。このナンバー2の方が、他国の国家元首とかいろいろな方を接遇しているようです。普通は20分とか30分。でも私と話を始めると、目を丸くして身を乗り出すようにして一生懸命話を聞いたり、ご自分の意見をおっしゃったりして、結局1時間40分にわたって会見が続きました。

さっきも言ったとおり、「どうして核をつくるんですか」と聞いた時に、「あのイラクの状態を見ていて、悪の枢軸と名指しされた時に、自分たちもやられるな、それなら自分たちを守らなければという意味でつくってきました」ということを直接にも聞きました。そして、彼らは「日本とも仲良くしていきたいし、アメリカとも、今はまだ休戦協定なので、これを平和条約にまでしていきたい。日本とも日朝国交正常化まで持っていきたい」とおっしゃった。でも、「そんな意志があるということは、日本にも外国にも全然伝わってきませんよ」と申し上げました。

みなさんがとっている態度はその意志と真逆になっていませんか？　ミサイルを打ち上げてみたり、「韓国も日本も火の海にする」などと放送で言ったりする。北朝鮮という国はなんと危険な国であるか、というイメージがつくられてしまっています。

でも、お国に入ってみると、環境もいいし、国民も、とくに子どもたちが大切にされているのがわかり、女性に対しても本当に至れり尽くせりです。アパートもマンションも立ち並んで、家賃もない。家賃という言葉すらないということではありませんか。そういうことは、全然伝わってきません。この温度差は何なんでしょうか。温度差を埋める努力を北朝鮮は北朝鮮なりにする必要があるのではありませんか、と。

外に対して居丈高な態度をとり続けると、北朝鮮は危ない国であるということになって、それで金儲けをしようとたくらむ人たちがいるわけです。それが私の言う、闇の権力の一つの軍産複合体です。アメリカでいうなら、ペンタゴンとＣＩＡと軍需産業、その三つが一緒になって、あの国は危険だ、この国は危ないと言いながら、さまざまな国を対立させて戦争させて、両方に武器を売っていく。

北朝鮮は危ない、だから沖縄には基地が必要だ、だから日本にも迎撃ミサイルが必要だ。このミサイルだって１兆５０００億円もするものを日本に買わせました。周辺諸国の軍事力強化、日本への兵器の売りつけ、周りの他の国へも兵器を売りつけている、こういう人々を利するような発言を繰り返すのはもうおやめになったほうがいいのではないですか、と申し上げました。「そもそも、あなたがたは、闇の権力の存在をご存じですか」と聞きましたが、まったくわかっていません。なぜ自分たちがここまでいじめられるのか、ターゲットにされるのか、全然わからないでいるのです。

ですから私は言ったのです。闇の権力は、今はアメリカを乗っ取って、ほとんどの国が自分にしっぽを振ってくるように仕向けています。アメリカに従うような国はオーケーだけど、そうでない国には襲いかかってくる。今、しっぽを振らない国はイランと北朝鮮の2国だけでしょう。北朝鮮はチュチェ（主体）思想でまとまって、自分の国は本当に主体的に自分たちで守るという堅い決意のもとでやってきました。だから、そこをつぶそうとする権力、それが闇の権力なのですよ、ということを全部お話ししました。

欲の深い闇の権力の人たちは、国際金融の世界でもほしいままに振る舞ってきたという話もしました。

日本をバブルで崩壊させて、大阪にしても東京にしても、目抜き通りを外資がどんどん買っています。有名ブランドのビルにすごい勢いで変わっていっています。闇の権力というのは、寄生虫のようなものです。今はアメリカを食いものにしていますが、それがボロボロになったとみると、今度は中国に入っていっているという感じです。中国でもバブルを起こして、引き上げることになりますよ。日本はバブルを起こされて、いまだに完全に立ち直っていない状態です。2008年にリーマン・ショックがあって、アメリカもボロボロにされました。「力の道」も、いよいよ終焉を迎えることになるでしょう。

北朝鮮も、アメリカをすごく意識して怖がっている様子でしたから、「アメリカ自体がもはや泥舟に乗っているようなものなんですよ。だから、アメリカ、アメリカといって、向こうばっかり向いて、アメリカと一緒に心中でもする気なんですか」ということを言った時、金永南さんは「アーッ」というような、まったく驚きの表情をしていました。他の高官たちも、アメリカ自身がそこまで弱っているということは誰も知らなかったようです。

北朝鮮が、小国を守り抜くための手段として核兵器を持ちたいというのは、理屈としてわからないことではありません。しかし、何度も言うように、「力の道」によって平和に至ることはないのです。アメリカのオバマ大統領だって《核の廃絶》ということを言ったわけですから、むしろ、朝鮮半島を「核廃絶のセンター」にするくらいのことを考えたらどうかと、私はこういう提案をしました。

北朝鮮と韓国はいまや、地球上でただ一つの分断国家です。日本では38度線と言ってますが、正式には「軍事境界線」、あるいは「休戦ライン」と呼ばれる「線」が南北を分けています。その線に沿って、両側に2キロずつ、東西280キロにおよぶ「非武装中立地帯」が設定されている。板門店という、いつもテレビの映像などで見られるものものしい施設は、ソウルの北約80キロ、平壌の南約215キロのところにあり、そこに軍事停戦委員会会議場というのがあります。今では、南からも北からも、観光客が訪れることができます。

この「非武装地帯」は、南北をたしかに分断する地帯ですが、逆に考えれば南北を結ぶ地帯でもあります。

そのラインのどこかに、広いお花畑をつくり、中心に「世界平和センター」のような施設をつくって、そこで絶えず、世界平和に向けたシンポジウムやセミナー、核廃絶のシンポジウムを開く場所にしたらどうか、というのが私の提案です。世界中、どの国の人もそこを訪れることができて、世界平和の発信センターにすればいいということです。北朝鮮の要人も、韓国の高官も、この提案には大賛成してくれました。

ただ、そういう国際会議場をつくるにはクリアすべき問題がたくさんありますから、すぐ実現できるわけではありません。

すぐできることとして、「核廃絶のシンポジウムを平壌で開くのはどうでしょうか」という提案もしました。

その頃、広島で集会があるというので、アメリカから代表団が来たことがあります。そのグループにも、「北朝鮮で核廃絶のシンポジウムをすることになったら、みなさんいらっしゃいますか？」と聞いたら、「それ以上すばらしいところはありません。私たちみんなで行きます」とおっしゃってました。「中丸先生が呼びかければ、カーター元大統領、ノーベル賞受賞者も、みんな来るでしょうから、最高のシンポジウムになりますよ」と。

北朝鮮で、そういう提案をしたら、「それは、私たちが呼びかけても彼らは来ないから、先生の財団で呼びかけてやってくだされば、もう国をあげて応援します」と答えました。そう言ってますよ、ということを、韓国のトップの人にも言ったら、「すばらしい。私たちも大賛成です」ということでした。

私が、金正日総書記に会って直接提言したいと考えていたのは、「東アジア非核ゾーン」を、日本と、北朝鮮・韓国が同時に宣言することです。その実現のためにこそ、ぜひとも北朝鮮でシンポジウムを行いたいと考えていたのです。

じつは、アジアの平和のためには私の両親も、それこそ命がけで献身してきたのです。それについては『中丸薫という生き方』に詳しく書いていますので、そちらを参照してください。なお、この『中丸薫という生き方』（徳間書店・5次元文庫）にくわしく書いていますので、そちらを参照してください。なお、この『中丸薫という生き方』はキム・ウニョンさんという方が朝鮮語に翻訳してくれました。金永南委員長にお目にかかったときにも、この本（日本語版）を金正日総書記へのプレゼントとしてお渡ししてきました。

そういうわけで、東アジアの平和実現という仕事は、私の使命であると思っています。

拉致問題の解決に向けて

金正日総書記に会うことができたらお話ししたかった重要な問題は拉致された人たちのことです。というのは、金永南・常任委員長ほか政府高官に会った時に拉致のことを話題にしたら、「それは、中丸先生から金正日総書記に直接言ってほしい」と言われたからです。この問題に関しては、いかに高官といえども自分の口からは言えないようなのです。「国家元首が謝罪までしました。歴史上そういう例はないのです」とも言っていました。

たしかに、2002年9月に当時の小泉純一郎首相が訪朝しました。日本政府の原則は、「拉致問題の解決なくして日朝国交正常化はなし」というものでした。だから、北朝鮮はそれを受け入れて、金正日総書記は拉致の存在を認め、それに対して謝罪をしました。

日朝首脳会談の席で北朝鮮側は、日本人13人を拉致したことを認め、金正日総書記自らが日本人拉致事件について、「遺憾なことであり率直にお詫びしたい。私が承知してからは関係者は処分された」、「実行者は英雄主義に走っていた一部の特殊機関の者による行為」とし、関係者はすべて処罰したと説明しています。

その年の10月、13人のうち（死亡したと発表された8人を除いて）5人が帰国しました。一時帰国ということでしたが、5人は北朝鮮に帰らず、日本にとどまったのはみなさんご存じの通りです。２００４年には、彼らの家族もみな帰ってきました。それをもって北朝鮮のほうは「拉致問題は解決した」と言っていました。もちろん、日本は「まだまったく解決していない」と主張している。

平壌に2週間滞在して感じたことですが、金正日将軍は絶対的な力を持っているということです。そういう人が、拉致を認めて謝ったという事実の重みをなぜ日本の人はもっと理解しないのかと、北朝鮮の人は思っているはずです。

横田めぐみさんについて、「金総書記の三男を養育した人だというううわさを聞きましたが、本当？」と聞いたら、「それは金正日さんのイメージを悪くしようとする人たちのうわさにすぎません」という答えでした。

「拉致された人で、もしまだ生きている人がいたら、私が次に来たときに会わせてもらって、日本の首相なりをその後一緒にお連れしたときに、たとえば4人なら4人、総理と一緒に帰ってくる、そういう可能性はどうかしら？」と聞いたら、その可能性は十分あるようでした。

めぐみさんのご両親（横田滋・早紀江夫妻）も高齢になって、とくにお父さんは健康を害しておられるようです。「何とか平壌に来てくれませんか。納得できるまで調べてください」と、健康なうちに来てください、というのが北朝鮮の提案の一つです。横田さんは、他の拉致被害家族に気を使ってご遠慮なさったようでしたが。

私が北朝鮮から帰ったあとに、ある新聞社の論説委員が訪ねてきて、ここだけの話ですけどと言いながら、じつは、拉致被害者家族会の人たちはもう疲れ果てたと言ってる、と教えてくれました。「死んでいるなら死んでいるとちゃんとわかればいいし、この辺ではっきりけりをつけたい。もう疲れ果てた。もうこれ以上続けるのは大変だと思っている人がほとんどです」と言っていました。ところが、拉致問題運動で生活している人がいる。政治目的でやっている人もいる。横田さんのように非常に正直な方は、いろんな講演とかイベントで手元に寄せられたカンパを全部運動の方に渡しているのだそうです。拉致問題運動が変質してしまって、初めに主として運動を担った方たちが運動から抜けたりもしています。

そういうことを無くすためにも、一気の解決が必要なのです。

【参考】日朝平壌宣言

日本と北朝鮮の関係改善の基本にあるのは、この平壌宣言です。その後にどんなギクシャクがあったにせよ、ここに立ち戻って、交渉を進めるべきです。北朝鮮ももちろんそれに異議のあろうはずはありません。

《日朝平壌宣言

小泉純一郎日本国総理大臣と金正日朝鮮民主主義人民共和国国防委員長は、2002年9月17日、平壌で出会い会談を行った。

両首脳は、日朝間の不幸な過去を清算し、懸案事項を解決し、実りある政治、経済、文化的関係を樹立することが、双方の基本利益に合致するとともに、地域の平和と安定に大きく寄与するものとなるとの共通の認識を確認した。

1．双方は、この宣言に示された精神及び基本原則に従い、国交正常化を早期に実現させるため、あらゆる努力を傾注することとし、そのために2002年10月中に日朝国交正常化交渉を再開することとした。

双方は、相互の信頼関係に基づき、国交正常化の実現に至る過程においても、日朝間に存在する諸問題に誠意をもって取り組む強い決意を表明した。

2．日本側は、過去の植民地支配によって、朝鮮の人々に多大の損害と苦痛を与えたという歴史の事実を謙虚に受け止め、痛切な反省と心からのお詫びの気持ちを表明した。

双方は、日本側が朝鮮民主主義人民共和国側に対して、国交正常化の後、双方が適切と考える期間にわたり、無償資金協力、低金利の長期借款供与及び国際機関を通じた人道主義的支援等の経済協力を実施し、また、民間経済活動を支援する見地から国際協力銀行等による融資、信用供与等が実施されることが、この宣言の精神に合致するとの基本認識の下、国交正常化交渉において、経済協力の具体的な規模と内容を誠実に協議することとした。

双方は、国交正常化を実現するにあたっては、1945年8月15日以前に生じた事由に基づく両国及びその国民のすべての財産及び請求権を相互に放棄するとの基本原則に従い、国交正常化交渉においてこれを具体的に協議することとした。

双方は、在日朝鮮人の地位に関する問題及び文化財の問題については、国交正常化交渉において誠実に協議することとした。

3．双方は、国際法を遵守し、互いの安全を脅かす行動をとらないことを確認した。また、日本国民の生命と安全にかかわる懸案問題については、朝鮮民主主義人民共和国側は、日朝が不正常な関係にある中で生じたこのような遺憾な問題が今後再び生じることがないよう適切な措置をとることを確認した。

4．双方は、北東アジア地域の平和と安定を維持、強化するため、互いに協力していくことを確認した。

双方は、この地域の関係各国の間に、相互の信頼に基づく協力関係が構築されることの重要性を確認するとともに、この地域の関係国間の関係が正常化されるにつれ、地域の信頼醸成を図るための枠組みを整備していくことが重要であるとの認識を一にした。

双方は、朝鮮半島の核問題の包括的な解決のため、関連するすべての国際的合意を遵守することを確認した。また、双方は、核問題及びミサイル問題を含む安全保障上の諸問題に関し、関係諸国間の対話を促進し、問題解決を図ることの必要性を確認した。

朝鮮民主主義人民共和国側は、この宣言の精神に従い、ミサイル発射のモラトリアムを2003年以降も更に延長していく意向を表明した。

双方は、安全保障にかかわる問題について協議を行っていくこととした。

日本国総理大臣
小泉　純一郎
朝鮮民主主義人民共和国国防委員会　委員長
金　正日

2002年9月17日
平壌》

2011年12月17日に、金正日総書記が心筋梗塞のため亡くなりました。私としては、金総書記との会見を実現したかったのですが、かなわぬことになりました。

権力の後継者は、金正日が亡くなる前から、彼の三男、金正恩に譲ることが決まっていましたから、金正恩氏は、ただちに第3代最高指導者の地位に就きました。

金正恩氏に代わってから、北朝鮮は核実験、ミサイル発射実験を繰り返してきました。2016年には、2度の核実験、14度の弾道ミサイル発射実験が確認されています。

国連の非難、制裁決議をものともせずに、実験を繰り返すのも困ったものですが、本当はアメリカが挑発しているのだと思います。

ただ、各国の非難に対抗して北朝鮮もかたくなな態度をとらざるをえず、その結果、拉致問題の進展が遠のいてしまっているのは、返す返すも残念なことです。

日朝間の「楔（くさび）」ははずれたのだろうか

2014年5月26日〜28日、ストックホルムで日朝局長級会議が行われたと、各マスコミが伝えましたが、そこでは拉致問題について進展はなかった、というものでした。ところが、翌日29日に安倍首相が記者会見をし、拉致被害者の再調査で北朝鮮側と合意したと発表しました。それについて、翌日の新聞記事はこう伝えています。

《政府は29日、日本人拉致被害者の再調査で北朝鮮側と合意したと発表した。北朝鮮は拉致被害者と、拉致された疑いのある特定失踪者について全面的な再調査を約束した。日本側は北朝鮮の調査開始時点で、独自制裁措置の一部を解除する。安倍晋三首相は記者団に「拉致問題の全面解決に向け、第一歩となることを期待する」と述べた。

再調査では、北朝鮮は特別な権限を持つ特別調査委員会を設ける。調査状況を随時日本に通報し、生存者が発見されれば帰国させる方向で「必要な措置」を講じる。日本側は横田めぐみさんら拉致被害者の安否確認と即時帰国に応じるよう求める。

日本側は調査が開始された時点で、①人的往来の規制、②送金などに関する規制、③人道目的の北朝鮮籍船舶の入港禁止の措置を解除する方針。調査の進展に応じて北朝鮮への人道支援の実施も検討する。

日本と北朝鮮は合意文書を交わし、菅義偉(すがよしひで)官房長官が29日夜の緊急記者会見で合意事項を説明した。》

(『東京新聞』２０１４年6月1日朝刊)

しかしながら、この合意の実行がなかなか進捗せず、ついに、２０１6年2月には、北朝鮮は、拉致被害者など日本人に関する包括的な調査を全面中止し、「特別調査委員会」を解体すると発表しました。日本政府が決定した、北朝鮮の核実験や長距離弾道ミサイルの発射実験をめぐる、追加制裁への対抗措置に違いありません。

ここは、日本としても、忍耐強く交渉を進めていくほかはありませんが、かつては、北朝鮮と日本の関係が動き出したこともあったのです。

2014年3月10日〜14日に、横田滋・早紀江夫妻は、モンゴルのウランバートルを訪問し、めぐみさんの娘のヘギョンさんとヘギョンさんの子供と面会したと報じられました。帰国した後の早紀江さんの、ほっとしたような柔和な顔を、テレビ画面でご覧になった方も多いと思います。

今までは、日本と北朝鮮の間に楔(くさび)を打ってきた、デイヴィッド・ロックフェラーのような闇の権力の統領がいました。CIAを使って日本人拉致をやり、北朝鮮がさも悪辣な国家であるという洗脳を繰り返してきました。ところが、このデイヴィッド・ロックフェラーは、サブプライムローンの破綻により、彼の傘下のリーマンブラザーズが倒産したことで、栄光は地に落ちてしまいました。その損失を補うために3・11の大地震を仕掛け、日本再占領を謀ったもののこれも失敗に終わり、決定的なダメージを受けてしまいました。

金正恩氏との会見が成らなかった2012年4月、当時実質的なNo.2で、後に粛清された張成沢氏と会見する著者

その後、ジェイコブ・ロスチャイルドが呼びかけ、スイス政府が主催して２０１１年8月末にモナコで開かれた「57か国会議」で、デイヴィッド・ロックフェラーは糾弾されました。「命を差し出すか、全財産を差し出すか」と迫られ、ノースカロライナの油田をまるごと差し出すからと言って、命乞いをしました。このことによってデイヴィッド・ロックフェラーは完全に失脚しました。思うようにＣＩＡを動かしてきた人物の失脚によって、ＣＩＡ自体の力も弱体化し、北朝鮮と日本の間の「楔」もほころび始めているのが、日朝関係改善のきっかけのひとつになったのです。

もう一つは、張成沢（チャンソンテク）のクーデターの失敗と、それに続く粛清です。

張成沢は、金正日の妹の旦那さんです。２０１２年4月、私は金正恩に会見するため北朝鮮に出かけました。ところが、38度線で一触即発の事態が生じ、金正恩さんはそっちにかかりきりで会えないので、彼の代わりに、張成沢さんが、平壌の国会議事堂まで車で駆けつけて、金正恩さんの名代として、私の相手をしてくれたのでした。

その彼がなぜクーデターなどという挙に出たのでしょうか。

北朝鮮の建国以来の秘密

それを知るために、北朝鮮の建国以来の歴史を、日本との関係でおさらいしてみましょう。

第2次世界大戦で日本は壊滅的な敗北を喫しました。じつは、朝鮮半島に残った日本人の軍人は少なくないのです。その一人に畑中理（おさむ）という陸軍中野学校を卒業した軍人がいます。中野学校は小野田寛郎少尉なども卒業した、スパイ養成の学校です。

その畑中は、金日成の右腕となって、中野学校のシステムに基づいて大日本帝国陸軍みたいなものをつくったのです。朝鮮半島の北に日本の天皇制を真似たような独立国家を作るという目的がありました。

畑中理は、北朝鮮では金策（キムチェク）という名前で通しました。金策の名前がついた施設や学校は北にはたくさんあります。金策製鉄所、金策工業総合大学、金策軍官学校、金策航空大学などです。じつは、金日成がソ連に呼ばれて1年半ほど過ごしたことがありますが、その間にキムチェクと金日成の最初の奥さんとの間に生まれたのが金正日なのです。

1920（大正9）年に、日本の皇族のお一人だった梨本宮方子（なしもとのみやまさこ）という方が、旧大韓帝国

（李王朝）の元皇太子の李垠（イウン）というところへお嫁に行きました。戦後は韓国人として障害児教育などに尽くし、1989年に87歳でお亡くなりになっています。葬儀は準国葬として執り行われました。

じつは、横田めぐみさんのお母さん、横田早紀江さんは、この梨本宮方子さんの系譜に連なる方なのです。方子さんの娘であるという説もあります。

つまり、めぐみさんは李王朝の血を引いているし、日本の宮家の血も引いていることになります。ということで、向うに連れていかれて、表面的には、北朝鮮の男性と結婚して、ヘギョンさんという娘をもうけたということになっている。2014年のモンゴルでの面会にも、その男性が同席したと言われています。

ところが、聞くとみなさん驚くと思いますが、横田めぐみさんは金正日の正室だったのです。ということは、金正恩は金正日と横田めぐみさんとの子供だということです。横田めぐみさんは、北朝鮮の国母なのです。金正恩にはもう一人妹がいますが、めぐみさんは、一男二女を金正日との間にもうけたことになります。

また、横田さんご夫妻がモンゴルに行ったときは、迎賓館で会っています。つまり、すでにご一家は、ロイヤル・ファミリー扱いされているのです。まず、2階で、ヘギョンさんとその子供（ひ孫にあたる）に会い、3階では、めぐみさんとも会って、記念写真も撮っています。

あの場には、赤十字の人も日本の外務省の人も同席していましたから、証言できる人は何人もいるはずです。しかし、今の段階ではそれをいきなり発表することはできない。何をどの順番で知らせていくのかは難しいところがあります。表面的には、金正恩のお母さんは在日朝鮮人の高英姫（コヨンヒ）さんということになっていますが、そうではないのです。考えてみると、すごく運命的な一家ですね。

張成沢さんは、金正日時代の政治、経済、軍事を含めて一手に掌握する最高実力者だったわけですから、金一族の来歴を知らないはずがありません。このままでは、北朝鮮が日本人に乗っ取られると案じて、金正男を擁してクーデターを謀ったものです。それが露見して銃殺刑に処されてしまいました。2013年12月のことです。

デイヴィッド・ロックフェラーと張成沢という、外側と内側から日本と北朝鮮の間に「楔」を打ちたい人物が消えた今こそ、日朝関係の改善がどんどん良い方向に進むと期待できるのです。

第6章

中丸薫が過去世で生きた人々

輪廻転生ということ

人間は、この世に生まれてきたら、誰でも魂を磨かなければなりません。人間の本質というのは愛と光なのです。私が霊的体験を受けてわかったのは、宇宙創造神というのは愛と光、エネルギーそのもの、さらに全宇宙の意識そのものだということです。その一部分を私たちは「分け御霊（みたま）」として抱いています。ですから、他人に嘘はつけても、自分に嘘はつけない心、これこそが仏教的に言えば、「仏性（ぶっしょう）の輝き」です。ひとりひとりの魂の奥底に小豆（あずき）ぐらいの形で光としてみんな持っているものです。

いちばん神に近い人というのが、エルランティ様という方です。エルランティ様は、モーゼの時にはヤハウェと名乗って導き、イエス・キリストの時にはエホバと名乗って導き、イスラム教の時にはアラーと名乗って導いた。お釈迦様の時にはブラフマンと名乗って導いてきた方です。モーゼも、イエスも、ムハンマドも、シャカも、誰もが、みずから「私は神だ」とは言っていません。

地球よりも進んだ星では、宗教は存在しないのです。宇宙創造神というのは、愛であり光でありエネルギーそのものです。その「分け御霊」を私たちは抱いている。

人間は肉体が死んだら、体はこの世に置いていきます。魂は肉体から抜けてあの世に行く。そして、また転生の順番を待って、お父さんとお母さんにお願いをして、約束をして生まれてくる。これが「輪廻転生」です。

現代の地球のような、こんなに波動の荒いところに生まれてくる目的と使命とは何でしょうか。それは、永遠の生命である魂そのものが、それがより強く大きく、力強く育っていくように、あらゆる試練を受けながら体験していくということです。ですから、私たちは誰でも、この世に修行に来ているのです。

では、その修業はいつまで続くのでしょうか。それは、この魂そのものが光と愛そのものになるまでです。今までも何億年、これからも何億年、続けていく。これがこの地球上の輪廻転生です。

赤子として生まれるときに、誰でも「忘却の水」を飲んで、過去世の90パーセントは潜在意識に入ってしまいます。そのため、誰でもこの世の生がすべてだと思いがちです。しかし、人間は、何万年も何百万年も、いやそれ以上、生き変わり生まれ変わっているのです。「輪廻転生」というのがそのことです。

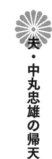

夫・中丸忠雄の帰天

私の夫、中丸忠雄は2009年4月23日にあの世へと旅立ちました。

亡くなってから、いろいろなことが起こりました。つくづく感ずるのは、人間は、嘘のない真面目な、きちっとした人生を送ったら、人は光になるのだということです。中丸の帰天によって、それがはっきりわかりました。

夫は永遠の生命がわかっていた人ですから、亡くなった時にも、すぐに頭のところから抜け出して、病室の天井付近から、私が臨終の祈りをしているのも見ていたと話してくれました。私は帰天した夫とはテレパシーでいつでも話ができるのです。あの世に行くときは、細い管のようなところを、ものすごいスピードで抜けて飛んでいったそうです。「誰が迎えに来てました？」と聞いたら、「お父さんとお母さんが迎えに来てました」と言っていました。

臨死体験をした人たちの話を聞くことがあります。『ニューズウィーク』で臨死体験をした人1万6千人からの話をまとめたことがあります。救急車で運ばれてきて、自分が天井付近にいて、下でお医者さんたちや家族が、治療したり見守ったりしているのを見たあと、管みたいなところをビューっと飛んでいって、そこを出たときに白い光が近づいてくる。その光についていきたいなと思うと、目の前に立体カラー・モーション・ピクチャーで、自分の人生が全部出てくる。ほとんどの人はもう、目を覆いたくなる。他人にいろいろなきつい言葉を言ったりとか、自分もひどい行動をとっているとか。早くあの白い光とともに行きたいと思っても、その光は「いや、まだあなたの寿命の時間が来ていません」とか、「あなたは神様とお約束した使命を、まだ何も果たしていないから」と、痛い体に戻されたとか。みなが同じことを言っているのです。

夫・中丸忠雄

その日の朝、中丸が倒れて、急いで救急車を呼んで、顔も洗わず歯も磨かずに、救急車に一緒に乗っていきました。「午後には帰れますよ」なんて感じだったのに、「いま急変して、下血しています」と告げられました。ガンだとか別の病気だとか聞いたこともないし、下血しているとは、どういうことだろうと思いました。

すごい量が出てるから、「輸血しても間に合わない、ご親族を呼んでください」と言われたのです。急いで子どもたちを呼びました。普通、輸血は点滴で入れるのでしょうが、もう間に合わないから注射器で入れていました。それでも、血圧がもう40ぐらいまで急激に下がりました。

亡くなる2、3か月前の頃から、中丸が「本当に幸せだった」とか、「薫と結婚してよかった」とか、あまりにもずっと言い続けているから、秘書に、ちょうど2日ぐらい前だったか、「あんまり言うから、あの世へ帰る準備でもしているのかしら」と、ふっと思って言ったんですね。その次の次の日には一気に逝ってしまったのです。

夫は、「あの世へ帰るときは、一気に引き上げてくださいって、いつも神様に祈っていた」と言います。本当にそのとおりに逝きました。息子もそれを見てて、「ああ、僕もあのように逝きたい」と言っていました。

中丸が亡くなってから、私が一人で居間にいると、二人で聞いていた好きな音楽が急に鳴ったりするのです。そういうときは、「あっ、来たんだな」という感じです。テノールのラッセル・ワトソンの歌が鳴ったりします。よく一緒に聞いていました。素晴らしい声です。この曲を聴きはじめてから、夜のニュースを見たりしたあと、ちょっと音楽を聴きながら飲んで話をするということが何度もありました。じつは亡くなる前の晩も、深夜まで話をしていたのです。時計を見たら、もう2時で、「もう遅いから、じゃあ休みましょうか」と寝室へ別れたのです。

肉体先祖と魂の先祖

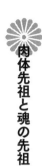

人間には肉体先祖と魂の先祖がいます。彼も私もそのことを知っていたから、生前から、私たち二人が一緒に瞑想しているとき、魂の兄弟と肉体先祖の両方が、ちゃんと手をつないで見下ろして、見守ってくれているのを感じていました。私がアマテラスで、彼はサルタヒコ、サナトクマラでもあった時代もありましたから、天に帰った中丸に、「魂の兄弟や先祖たちにもみんな出会ったの？」と聞いたら、「みんな出会いましたよ。だから、天上でもものすごく忙しい」と言っています。そういう守護霊や魂の兄弟たちの力があるので、夫は私のことを守りやすくなったと言っています。

福山市の仙酔島に一緒に行ったのが、二人が出掛けた最後でした。中丸が逝ってからは、沖縄や宮古島へ研修会で行ったのですが「今はどこへでもついていける」と中丸も同行してくれています。

沖縄の国立沖縄戦没者墓苑は、18万余柱の遺骨が安置されている納骨・慰霊施設です。そこは「もう霊気が悪くて入れなかった」と沖縄の人たちも言うくらいの場所です。そこで、私が祈りとともに《光の柱》を建てたのです。そうしたら、「ありがとう、受け取ったよ」という応答が中丸からあって、太陽の周りに、日輪をちゃんと出してくれました。

沖縄で世界遺産になった「せーふぁーうたき（斎場御嶽）」も、聖地になっています。そこへ行ったら、敏感な人は頭が痛くなってしまうくらい、霊気が悪いところです。そこにも「光の柱」を建てたら、ちゃんと日輪が現れました。中丸がそうしてくれたのです。

宮古島の北にある大神島は、大昔のムー大陸の中心地でもあった場所です。「そこにもぜひ光の柱を建ててください」と頼まれて、3か所で建てたのですが、それぞれにすごい日輪が光りました。いままでは、そういうことはなかったのです。敏感に見える人には、黄金の光が降りてきたのが見えるということはありましたが、このたびは紫の光でした。中丸もそこにいるみんなの顔が見えたと言っていました。

中丸が天に帰ってからはいつも、日輪を出してくれます。ですから、「あなたが帰ってから、いつも日輪が出るけど、みんなと協力してやってくれてるんですね」と聞いたら、「そうだよ。自分ひとりでは、とてもできるものじゃないから」と言っていました。「こっちへ帰ってからのほうが、よりいっそう薫の運動も守りやすい。肉体のときには、あれが限度だった」と言いました。

毎日、魂が行ったり来たり、お話ししているのです。

いつだったか、山中湖で研修会があった時のことです。もう梅雨になっていましたから、富士山なんか全然見えない。それなのに、その間ずっと傘要らずでした。富士山の5合目まで行って、そこから小富士（富士山をある角度から見ると、隆起したように見える所）まで行って、みんなで瞑想したときです。いままでどんよりとした曇りでどうしようもなかったのが、瞑想してのち目を開いてみたら、ぱっと空が開いているんですよ、青空になって。みんなでそこで光の柱を建てたら、太陽がみごとな紫の光を降ろしてくれました。それは見事な光の柱です。その横の雲のところに、黄金の光、ものすごい黄金の色がダーッと降りてくるのを、みんなの目にわかるようにしてくれました。

中丸があの世に帰ってからそういうことが本当に多くなりました。

中丸忠雄のアセンション

それだけではありません。その研修会の時に、ITの会社に勤めている30歳くらいの青年をお母さんが連れてきたのです。交通事故で大腿骨を骨折して足を引きずっていて、前から「死にたい、死にたい」と言っているような青年です。その彼が杖をついて、ヨロヨロと歩いて来たのです。でも、「せっかく5合目まで行くのだったら、自分もそういういろいろな現象を見たいから、先生、光を入れてください」と私に頼んできたのです。それで、後ろを向かせて、彼の体に光を入れてあげました。そうしたら、杖をついて来たのに、スクっと立って、杖を本当に捨ててしまいました。それでもう、走って自分の席に戻ったのです。それっきり、もう富士山の5合目まで杖なしです。気分がすぐれず、それまで「死にたい、死にたい」と言っていた人が、みんなの前で、「いや、もう嬉しい」と、本当にもう目もキラキラさせて、みんなにデモンストレーションするかのように、走ったり、飛んだり撥ねたりしていました。

同行した人たちは、「すごいねえ、光が入るとやっぱり、こんなふうになるんだ」と、驚くことしきりでした。天は毎回、すごい現象を見せてくれるのです。だから「永遠の生命」ということも含めて、天が私たちの運動、「人間復興を通しての世界平和」をこれだけ支えてくれているのだな、と感じます。

私が行くところにはＵＦＯが必ず来るのです。「なぜ、そんなふうに、いちいち出てきてくれるのですか？」と聞いたら、「いや、あなたに死なれては困るのです。あらゆる宗教を乗り越えている人だから」と言います。私は何教、何教とこだわらないですから。いまでも宗教戦争は多い。宗教が戦争を起こしているようなものです。

宇宙創造神である神のエネルギー、愛のエネルギーの一部分を私たちは誰でも神の「分け御霊」として心に抱いている存在です。それが他人に嘘をつけても、自分に嘘のつけない良心の輝きです。魂の奥底に、仏教的に言うと「仏性の輝き」があり、それが永遠なる自分なのです。真実の我、「真我」なるものです。だから、肉体を離れても、その真我なる我は、あの世に帰り、中丸のようになるわけです。

研修会でみんなと一緒の夜のお食事の時、中丸はい

富士山に現れたUFO

つも、私の横に座っていたから、その日も、「ここに、ビールだけ注いでください、好きだったから」と頼んで置いてもらいました。みんなから見えないけれど、ちゃんと隣に来て、一緒にみんなと楽しんで飲んでいました。「雰囲気を味わうのが楽しいから」と言って。

その夜、夜中に、隣の部屋にいた数名が、中丸のことを話していたのだそうです。そうしたら、パーっと光のシルエットが起ちあがって、一人が「忠雄先生が」って気がついた。中丸はそこにいた一人の人のなかに入って、「今日は本当に楽しかった」と言ったそうです。

そのあと、私の部屋に来ましたから、「ああ、来てくれたのね。ああいうふうにお席を設けて、一緒に食事ができて、よかったでしょ」と言いましたら、本当に嬉しそうでした。

私が彼と話す場合は、私の体の中に入ってきて、必ず自分の名前を名乗るのですよ。「中丸忠雄です」と。それからいろいろお話ししてくれます。私がいろいろ聞くと、自由に答えてくれます。あの世とこの世はつながっていて、「あのまま生きていても、もう限界だったから、一緒に旅行できなかっただろうけど、今は世界中どこでも一緒に旅行できる。これからは北朝鮮だろうがヨーロッパであろうが、宇宙だって一緒に行くよ」と言っています。

で、その彼が「クェンティンさんに会った」と言うのです。

私もびっくりしました。クェンティンさんは5次元の人です。あの世の人ではないのです。

あとでクェンティンさんにも確かめました。「中丸に会ったそうですね」と言ったら、「ああ、会いましたよ。もうそれは、こちらが頭が下がるほど、本当に立派な人格の方で、これから一緒に地球のことを守っていきます」とおっしゃった。だから、中丸もアセンションしたということですね。光の存在になってしまった。

私はいま、エルランティ様とコミュニケーションできるから、「今度、夫である中丸がそちらのあの世に行ったのでお願いしますとお話ししましたら、「あ、もうお会いしました」と言うのです。「本当に立派な人格、偉大な魂の方で、これから一緒に、いろいろやっていきますから」とおっしゃるのです。中丸にも聞いたのですよ。「エルランティ様にお会いしたんだって？」と。そうしたら、「もう眩しいほど、光輝く人でした」と言っていました。

人間の生命は永遠であるということを知れば、これからどんな激動期になろうとも、我々はみな神の「分け御霊」を頂いている神の子であるという縦の意識と、たとえ肉体は滅びても魂の生命は永遠に転生を繰り返していくという、横の意識とがちょうどクロスされた部分をきちっと心の中核に据えれば、もう、しっかりした羅針盤になるのです。人類の歴史を画するようなすさまじい激動期、この荒波の海を船で行っても、それがもう大きな羅針盤になって、尽きることのない希望とビジョンを与えることになるのです。普通の人なら、「どうなっちゃうんだろう?」と不安になっても、そのことがきちっとしていれば、上から守られていくわけですから。

肉体を去ったから、中丸も前以上に生き生きとしています。私たちと一緒にやれるわけです。中丸忠雄は、いち早くアセンションしただけのことだと思うのです。クェンティンさんもアセンションしているから、あの世にもこの世にも行ったり来たりすることができる。これは、私は中丸があの世へ行ってから初めて、そこまでわかりました。

ここで、私が、中丸忠雄という人に初めて出会った時のことをお話ししましょう。「永遠の生命」とか、「過去世」という、私が霊的体験の後に心から確信するにいたったことの発端が、すでに最初の出会いにも現れていたということをわかってもらいたいからです。もちろん、結婚した頃には、そんなことがあろうとは夢にも思っていなかったのですが。

ラスパルマスでの運命的出会い

それは1966年の新年の休暇の時でした。私はその休暇を自分のためだけに使いたいと考えていました。それまでの2年半、ニューヨークを拠点にして国際ビジネスの仕事で、世界中を駆け回っていたので、少しゆっくりして心身を休める必要があったからです。いつも仕事の旅をしていたので、とりたてて行きたい場所も思い浮かびません。アメリカン航空のオフィスへふらりと寄ったところ、顔見知りのスタッフから、ラスパルマスを勧められました。スペイン領ラスパルマスは、北アフリカの大西洋岸のカナリア諸島の一つで「世界で最も気候の良い都市」第1位に輝いた温暖な島で、「大西洋の楽園」と呼ばれるほどの素敵なところでした。

さっそく旅の手続きをして、1月3日、アムステルダムに飛び、そこからスペインに向かう飛行機に乗り換えました。アムステルダムの空港から、7、8人の日本人のスター的存在の映画関係者がその飛行機に乗り込んできました。なんとその中に俳優の三船敏郎さんがいらしたのです。三船さんたちも、こんなところでひとり旅の日本女性に出会ったのが珍しいらしく、好奇心にかられて話しかけてきました。

「へえ、女性ひとりでラスパルマスへ行くのですか。すごいなあ。じつは僕たちも撮影でそこに行くところなんですよ」

三船プロの作品『怒濤一万浬（どとういちまんり）』の撮影だということでした。久しく日本映画を見ていなかった私には、三船さん以外の人の顔に見覚えはありませんでしたが、みなさん陽気で、気さくな人たちでした。

私は、休暇の旅行ですから、ちょっと高級なホテルを予約してありました。撮影グループは安くあがる別のホテルです。それでも、三船さんは私の荷物を持ってくださり、ホテルまでの車の手配もしてくださいました。そしてその夜は迎えをよこしてくださったので、私は三船さんたちのパーティに出かけました。

楽しいパーティでした。その席で、私がタバコを取り出すと（当時はタバコを吸っていました）、ライターを差し出してくれた青年がいました。それが俳優、中丸忠雄でした。彫りの深い端正な顔立ちと知的な瞳に、私はそのとき強い印象を受けました。彼が、フランキー堺主演の戦犯者を描いた映画『私は貝になりたい』で、死刑になるクリスチャンの将校を演じ、讃美歌を歌いながら獄舎の長い廊下を去るシーンでは、観客の胸を打ったということを私が知ったのは、後のことでした。

ラスパルマスでの休暇は、かつてなかったほど楽しいものでした。そのなかで、ただ一人独身だった中丸忠雄とは、すっかり親しくなりました。ある晩、ナイトクラブでみんなで賑やかに遊んだあと、彼が私をホテルまで送ってくれました。部屋に戻り、お風呂に入っている時に、ドアをノックする音を聞いたような気がしたのですが、気のせいだろうと思い、休みました。そのとき彼はドアの前に立っていたのです。

私を送ってから自分のホテルに帰ろうとした彼は、曲がりくねった田舎町で、すっかり道に迷ってしまい、真夜中で聞く人もなく途方に暮れて、また私のホテルに戻ったそうです。遠慮がちに私の部屋をノックしてみたのですが返事がなく、フロントで事情を話そうとしても、スペイン語なので言葉が通じません。なんとかジェスチャーで部屋を借りて、一泊したというのです。

翌日、照れながらそんな失敗談を語る、彼の素朴な男っぽさのなかに、飾らない純粋さが光っていました。私がそれまで接してきた、学問の世界やビジネスの世界では見られなかった、ひとりの男性がそこにはいました。そして、心惹かれる男性にめぐり逢えたことを、そのとき私は心からうれしく思いました。

ラスパルマスでの10日間の休暇が過ぎ、彼と私は東西に別れましたが、それ以来、海を越えて頻繁に手紙を交換し、また国際電話で語り合いました。そうして、1966年3月19日に結婚式をあげました。44年間の結婚生活でした。

無意識に「過去世」をなぞることがある

ラスパルマスで三船プロのみなさんとは別れたのですが、彼らはもう1本映画を撮るので、イランのイスファハンに向かうということでした。『奇巌城の冒険』というタイトルの映画でした。中丸忠雄は、イスファハンでペルシャ絨毯をおみやげのつもりで買ったのだそうです。撮影が終わって、帰路バンコックに立ち寄った際のことです。バンコックでは、菩薩像、如来像など、女性の体つきをした仏像が目に止まり、それも購入して、ペルシャ絨毯にくるんで日本に持って帰ってきたといいます。

先ほども書いたように、中丸忠雄は「永遠の生命」ということをよく理解していました。「過去世」についても、もちろん十分な知識を持っていました。しかし、ラスパルマスで知り合った頃には、そんなことは何も理解していなかったのです。私にしても、「過去世」について、私の心の師から初めて聞かされたのが、それから10年後の1976年のことです。「過去世」について理解できるようになってから、そのペルシャ絨毯にくるんだ仏像のことを思い出して、夫が、「無意識に過去の行動を繰り返すもんだなあ」と、つぶやいていたの

夫・中丸忠雄と訪れたギリシャで

を覚えています。

それはつまり、こういうことです。

クレオパトラとシーザーの話は、数えきれないほど多くの映画になりました。もっとも有名なのはエリザベス・テイラーがクレオパトラを演じたものでしょう。クレオパトラ自身を絨毯にくるんで、プレゼントだと言って、シーザーのいる王宮に入ることができた。その絨毯から絶世の美女が現れる、それがシーザーへの最初のお目見えです。このドラマチックなエピソードは絵画のテーマにもなっていろいろな画家もこのシーンを描いています。

この時、クレオパトラはシーザーに魅了され、彼の愛人となったのでした。このエピソードは、プルタークの『英雄伝』によって、世界中の人が知っています。

人は、一人何万回、何十万回と輪廻転生を繰り返し、何万年、何億年も生きていくのです。私の過去世を、初めて教えてくださった恩師は、「あなたの過去世はオールスターのオンパレードです」とおっしゃいました。アマテラスや、クレオパトラも、私の過去世にいたのです。「もうすぐ自分で思い出しますよ」とも言ってくださいましたが、たしかに、自分で学んだ覚えのない、クレオパトラ時代のエジプトの言葉や、アポロンの時代のギリシャ語が私の口から出てきたことがあります。輪廻転生が真実であることは、その後一度たりとも疑ったことがありません。

夫・中丸忠雄の過去世のひとつに、私がクレオパトラだった頃、クレオパトラ王妃に一番信頼されていた側近だったという人がいます。エジプトの政治的対立から、クレオパトラが追放されて砂漠にいたのを、王妃を絨毯に巻き、その絨毯をかついでいってシーザーの前に贈り物として、プレゼントしたその人です。

それから2千年後、中丸はイスファハンで絨毯を買い、バンコックで買った女体の仏像をそのペルシャ絨毯にくるんで持ち帰ったのです。

知らないうちに人はそういうことをするのです。

夫と私、ふたりの過去世

過去世で、私は夫と偶然会ったのだと思っていたのですが、私に霊道が開いた頃から彼にも霊道が開いて、そこからふたりの過去世が明らかになっていきました。ずいぶん何回も何回も出会っていたのです。

古代エジプトで、イクナートン（アメンホテプ4世）とその妻ネフェルティティとして一緒でした。エジプトでは、私は3回クイーンをやっています。ハトシェプトと、ネフェルティティ、それとクレオパトラですね。

日本では、最初はアマテラスで、卑弥呼も私の過去世の人です。

私が推古天皇の時は、中丸は近衛隊長みたいな役目の人でした。

私と夫との過去世では、数限りないくらい一緒の時が多いのです。

とくに驚いたのが、2億年前のことを思い出したことです。それは、こんな事柄でした。

和歌山のテレビ局のチーフカメラマンが、「中丸先生、あの円座石（わろうたいし）が呼んでます」と言うのですね。そこへ、私が主宰する「太陽の会」の人たちと行ってみたのです。大きな石をパンと割って開いたような場所があって、そこに梵字のような字が書いてあって、UFOの絵もありました。そこでわかったのは、2億年前に、もうなくなってしまった星から、ここにUFOで降り立ってきたということでした。その時、中丸はUFOの艦長で、私はその時のリーダーとして一緒に降りてきたのです。「太陽の会」の人も何人かその時一緒に降りてきたことがわかりました。過去の名前までわかったのです。「カリナパテラ」という名前もありました。私は、最初にその石の前で写真を撮って、その後、同じところで、「カリナパテラさん、私に入ってください。写真を撮るから」といって、撮ってもらったのです。その写真がものすごいものでした。同じところで撮っているのに、何かが体に入って、周り中に光がワーッと拡散しているのです。このあいだ和歌山に行った時に「太陽の会」の方が、「あの時の写真が見つかりました」と言って見せてくれました。だから古くは、2億年前に夫と一緒だったところまで思い出しましたね。

350０年くらい前、ゼウス・アポロンの時代に、私はギリシャ人として、ゼウスの信託を受けて正法を世界に伝えに行くという役割を負ったこともあります。私はその時、アテネの商工会議所で、水色の洋服を着て「世界は一つ、人類の心は一つ」と「人間復興を通しての世界平和、ワンワールド」を説いていたのです。その説法を過去世で聞いていたというイタリア人に、イタリアのパレストリーナの修道院で会ったことがあります。

ヨーロッパ大陸ではマリア・テレジアが私の過去世の人でした。イギリスではプリンセス・マーガレット・オブ・アンジュー。モナコのあたりの人です。ヘンリー6世と結婚しました。

ですから、今回の転生は、中丸忠雄と私が権力から遠いところに、ふたりとも生まれたということです。「今回は権力から遠いところに生まれて、ふたりとも自由に自分たちがやりたいことをやることができて、転生の中でもいちばん幸せな時かもしれないね」というところまでお話をして、時計を見たら2時だから、「じゃあもう休みましょうか」といって休んだのです。その次の日に倒れて、そのまま帰天したことは先ほど書いた通りです。

円座石にて

夫が帰天したあとの、ふたりの魂の会話について、私は2012年に行われたロンドンのシンポジウムの時にお話ししたのです。そうしたら、後で、精神世界研究の研究所の所長という人が来て、「あの御主人とのお話はすごくよかったですね」と言ってくれました。「わかりやすくて、あれはもう全世界の人が知るべきです」と言っていましたね。

みんな死を怖いと思っているでしょう。しかし、心の浄化さえきちんとしていれば、彼のようにすーっとあの世に渡れるのです。普通の人、心の浄化をする暇もない人は、亡くなると4、5年は幽界というところで反省をさせられます。

でも生きているうちに反省ができればいいのです。反省の仕方というのは、他人に嘘がつけても自分に嘘がつけない良心の輝きを第三者の目として——それは神の目と同じです——、自分の人生を5年ごとに区切って、今日までを見るのです。人とのいさかいがあったら、やはり相手の人の立場にまで感情移入して、「あの時あんなことを言われてものすごく腹が立ったけれど、言われたことは本当にそうかもしれない。あんなに怒る必要はなかった、ごめんなさい」というお詫びの気持ちが、一瞬にして相手に通ずるのです。それで相手も癒されるし、自分も癒される。こういうことが反省のひとつです。

私の夫も、山小屋に行って、1週間ぐらいひとりでやっているような人でしたから、それでスッと行ったと思うのです。ピカピカのまんま光の世界に行けてしまった。

夫は、「薫にも会いたいけれど、今死なれては困る。天上界ではみんな見守っているから頑張ってね」と、そういう感じです。そんなふうに普通にお話しできるということは、死を怖がっている人にとってはものすごく安心を覚えることだと思うのです。

だから意識改革というのは、人間の生命が永遠であるかどうかということがわかるかわからないかということです。わかった時に、自分がやってきたことは、全部自分に戻ってくるのだということがわかれば、人殺しをしたり戦争を起こしたりはできないと思うのです。

それをみんな知らないから、人口削減計画とか人工地震を起こすとか、ケム・トレイルで薬剤をばらまくとか、悪いことをするのです。

関西空港でハシカの患者が出たというニュースがありました。


《2016年8月17日、関西空港内の事業所に勤務する20歳代女性がハシカで入院中との報告がありました。その後、泉佐野保健所が調査を行ったところ、8月31日10時現在で16人のハシカ陽性が判明しました。》

これだって、誰かが撒いたのだと思います。そんなに急にハシカに罹るはずがないのです。

魂は永遠で、輪廻転生がこの地球上にはあるのだとわかった時に、そういうすべてのことが変わる。生き方も180度変わると思います。私はそれだけのことを体験させられているわけで、宗教でもなんでもないのです。自分の体験したことを世界に伝えていく。これが私にとっての意識改革です。天上界では、「もう日本では十分やってくれて、ありがとう。だから世界が待っているから、世界に出てやってください」と言っています。ですから世界に出て、いろいろな体験をしていることをこういうふうに本にして、発表していきます。ほんとうに、これからが私の人生の本番なのです。

第7章

トランプ新大統領と「命の道」によるワンワールド

トランプ大統領誕生は世界史的な一大転換

2016年のアメリカ大統領選挙は、ドナルド・トランプが勝利しました。

事前のマスコミ予想は、どの世論調査でも、ヒラリー優勢と報じていましたが、選挙民は本気でアメリカという国の変革を望んだということです。「差別主義者」とレッテル貼りされたトランプ氏の支持を大っぴらに公言することは、白人中産階級の人々には難しい面もあったようです。ですから、「隠れトランンプ支持」が多かったとも言われています。蓋を開けてみれば、接戦州のほとんどで勝利したトランプ氏の完勝でした。

それにも増して、大マスコミは「ヒラリー有利」と、率先してヒラリー陣営のお先棒を担いでいたわけです。アメリカの報道をそのまま垂れ流す日本の大マスコミも、見事に予想を裏切られました。

最後のテレビ討論会で、ヒラリーはトランプに対して、「あなたはプーチンのパペット

〔操り人形〕だ」と揶揄しましたが、トランプは、ロシアとも仲良くしようと早くから言っていたのですから、そう言われても痛くもかゆくもなかったはずです。

トランプが大統領になったことは、アメリカにとっても世界にとってもたいへんいいことになったと思います。今回の大統領選挙は世界史的な大転換が起きたと言ってもいい。

これまでアメリカは、グローバリズム一辺倒で、国内ではわずか1パーセントの超エリートと99パーセントの貧困層とに分かれるような未曾有の超格差社会をつくっていったのですが、トランプ大統領になって、これらが改まっていくと思います。

日本にとっても恐れることはないのです。日本にとっては、むしろチャンスと言えます。トランプ氏が日本から米軍を引き揚げるという発言を選挙期間中にしましたが、米軍が引き揚げてくれたほうがいいに決まっているではないですか。日本は独立国なのですから。自分の国は自分で守るというのは独立国として最低限の条件です。日本の保守派の人たちが、自分の国を自分で守ることができないと考えているとすれば、そちらのほうこそおかしい。

海上自衛隊の装備をもう少し増強して、尖閣の問題でも自分たちで対処すべきです。国連軍の援護が得られるまでの間、自分たちの自衛隊だけで対処できるようにするべきでしょう。スイスも、永世中立国として長くやってきていますが、いまだに徴兵制があって、自分たちの国は自分たちで守るのだという気概に溢れています。日本人は、どこかで牙を抜かれてしまったかのようになってしまって、尖閣諸島の問題のときも、政治家や官僚ばかりでなくて、日本国民自身が「アメリカは守ってくれるだろうか」とアメリカを頼ってしまったでしょう。官僚というのは、外務省を筆頭に、完全にアメリカをバックにつけて、虎の威を借りて政治家を使いこなそうと考えている人たちです。それではダメです。国民自身がもっと独立心をもって立ち上がる気持ちがないと、こんな素晴らしい国家が、いろいろな国からがたがた言われて、それに怯えているようではしようがないではないですか。

トランプは、TPPからも撤退すると言っていますから、あんなとんでもない条約をこれで結ばなくてもよくなったということで、ある意味、日本にとってはいいことずくめです。

「闇の権力」の代理人ヒラリー

アメリカがこれまでどんな悪事を働いてきたか、それを知っている者にとっては、今回の大統領選挙の結果は本当に喜ばしいとしか言いようがありません。

アメリカさえいなかったら世界はもっと平和で安全な場所だったということは、世界の至ることころで言われていることです。

例えば、スイスはアメリカのことをものすごく怒っています。現在、スイスの銀行でアメリカ人は個人口座でさえ開くことができないのです。アメリカ人であるというだけで、ものすごく嫌われている。それもこれも、「闇の権力」が巣食ったアメリカが、世界中を相手に、あまりにもひどい傍若無人ぶりを発揮してきたからです。

ヒラリー・クリントンは、その「闇の権力」の代理人といってもいい人物です。クリントン夫妻というのは、本当に極悪な人たちです。子どもたちの人身売買のようなことにも関わっていた証拠がインターネットの世界ではどんどん出ています。ISIS（イスラム国）をつくったのも国務長官時代のヒラリーです。その後も武器供与と資金援助をずっとしていたと言われています。私が2度も独占会見をしたことのある、リビアのカダフィ大佐を殺したのもヒラリーです。カダフィは、アメリカのドルに支配されない、新しい通貨をつくろうとして貯めてあった金塊とお金を所有していたのですが、ヒラリーはそれをカダフィを惨殺して奪ったのです。そういう情報が、ヒラリーが国務長官時代に使った私用メールには全部出ているのです。ですから、ヒラリー・メール問題とは、単に、仕事のメールを個人のアドレスでやりとりしていた、という程度の問題ではないのです。

だから、FBIが何度もヒラリーを訴追する、と発表しては取り消して、を繰り返していたのです。

ヒラリーは、巨大軍需企業ロッキード・マーチンの援助を受けて大統領選挙に出ていました。アメリカの軍産複合体が生き残りをかけてヒラリーに望みをつないでいたのでした。軍産複合体は、ヒラリーのような人物を取り込み、共和党・民主党どちらでも、自分の言いなりになる人材を世界中に送り、紛争を起こしてきたのです。

2010年に尖閣諸島沖で中国漁船の衝突事件が起きました。尖閣諸島付近の海域をパトロールしていた巡視船「みずき」が、中国籍の不審船を発見し、日本領海からの退去を命じたのに、それを無視して漁船は違法操業を続行し、逃走時には巡視船「よなくに」と「みずき」に衝突し2隻を破損させた事件です。海上保安庁は同漁船の船長を公務執行妨害で逮捕しましたが、結局、この船長は釈放されて中国に帰国しました。

この事件当時、ヒラリーは国務長官の職にありましたが、日本の民主党政権の前原誠司外相と綿密な会談を行っていて、船長逮捕を促したのもヒラリーだと見られます。

前原元外相は、ジョゼフ・ナイが率いるCSIS（戦略国際問題研究所）のメンバーです。ナイは、いわゆる「ジャパンハンドラーズ」の有力メンバーで、このジャパンハンドラーズが、闇の権力の日本担当グループであるということは、私が講演や著書で何度も指摘してきたことです。

また、ヒラリー国務長官の任期最後の年、2011年に、アメリカは、リビアとシリアに立て続けに軍事侵攻し、リビアでは、前述のように私の旧知のカダフィ大佐を惨殺しました。

1993年から2001年まで大統領を務めた、ヒラリーの夫、ビル・クリントンは、もともとネオコンとは関係が薄く、戦争に対しては消極的な姿勢をとりました。しかし、闇の権力はそうした政権にも、好戦的な女性二人を潜入させます。一人はズビグニュー・ブレジンスキーの弟子にあたる、マデレーン・オルブライト（国務長官）、もう一人はヴィクトリア・ヌーランド（首席補佐官）です。二人とも、ヒラリーとは親しい関係にあります。

オルブライトは、NATO軍を主導してユーゴスラヴィアを先制攻撃し、国を瞬く間に崩壊させせました。ヌーランドは、のちにウクライナ危機を先導し、政権を転覆させ国を乗っ取りました。もっとも、このウクライナ危機から、ロシアが介入し、アメリカ軍産勢力の斜陽が始まります。

このように、常に紛争を起こし略奪をほしいままにしてきたのが、アメリカの軍産複合体、すなわち、それを操ってきた闇の権力者たちです。

しかし、インターネットの普及のおかげで彼らの悪事もだんだん人々に知られるようになってきました。世界の警察を自認してきたアメリカこそがテロリスト国家で、戦争政策によって国力が疲弊し、多数のアメリカ国民は虐げられていることが、どんどん明るみに出てています。

こういう政治家による不況への怒りが生み出したものこそ「トランプ現象」に他なりません。

トランプに対抗する民主党の候補として、バーニー・サンダースを支持する人は多かったのですが、民主党の大統領候補には、ヒラリーが選出されました。

ヒラリー対トランプの一騎打ちになった途端、マスコミには今までに見られない異常現象が起きました。通常なら、新聞の支持は、各候補の政策を見て分かれるものですが、今回の大統領選では、80紙以上がヒラリー支持で、トランプ支持は、彼の身内が発行する4紙だけという結果でした。

また、両候補による最初のテレビ討論会では、司会者が、トランプに「嘘つきで差別主義者」というレッテルを貼り、彼が発言すると何度も音声が途切れるという嫌がらせが起きました。

すべての媒体がトランプに集中砲火を浴びせ、討論会でも政策論争を邪魔するこの異常現象は、マスコミが、軍産複合体の傘下に入ってしまっていることを如実に示したものです。

ヒラリーは、ロシアをことさらに敵視し、シリア問題では「ISIS（イスラム国）より先にアサド政権を打倒する政策に転換すべきだ」と明言しました。

これに対して、トランプは、ロシアとは早急に協調してISISを倒すべきで、ロシアの敵対機関であるNATOは時代遅れだと言っています。さらに、軍産複合体の利権である、在日・在韓米軍は撤退すべきだと言い、大統領となったあかつきには、9・11の真相も公表すると明言しました。

これらすべてが軍産勢力をいら立たせたわけですが、ただ、トランプの選挙は基本的に自己資金でまかなわれていたので、彼らのつけ入るスキがなかったのです。

トランプが大統領になったことによって、アメリカ軍産勢力は今以上に弱体化し、大戦はおろか紛争を起こすこともままならなくなってしまいました。世界にとっては、朗報です。彼らがマスコミを総動員して全力でトランプ妨害に乗り出したのはこのためだったのです。

ドイツ銀行の破綻懸念

新たに大統領に就任するトランプ大統領には難問が山積みです。とくに、ほとんど破綻しているアメリカの財政状況を回復させることが真っ先に求められます。

アメリカは、財政悪化をなんとか食い止めるための一手段として、米司法省が2016年9月15日、ドイツ銀行に対して、140億ドル（約1兆4000億円）の制裁金の支払いを要求しました。2009年の金融危機の引き金となった、サブプライム住宅ローン担保証券の販売によって被った損害の賠償を求めたものです。これは司法省が外国の銀行に対して請求した賠償金額としては史上最高です。ドイツ銀行は要求された制裁金の金額は払わない、金額の引き下げを交渉したいと応じました。

そもそもこの米司法省による民事訴訟は、もちろんアメリカの大手銀行相手にも起こされたのですが、JPモルガン・チェースが130億ドル（1兆3000億円）、シティ・グループは70億ドル（7000億円）、ゴールドマン・サックスは55億ドル（5500億円）の支払い額で合意したものです。ドイツ銀行にはそれより多い金額が要求されていることになります。

これを超えるのは、バンク・オブ・アメリカが和解した166億5000万ドル（1兆6650億円）だけです。ちなみに、フランスの主要行BNPパリバの場合、89億ドル（8900億円）が罰金として科せられたと発表されています。

米司法省は、ドイツ銀行に対して、制裁金の引き下げの条件として、「ビジネス・モデルの革新的な変革を求める」と回答しました。ここで言う「変革」とは、米国市場における事業活動の見直しのことです。ドイツ銀行にとって、米国市場からの撤退または業務縮小を意味します。

つまり、ドイツ銀行が米国業務縮小に踏み切れば、米銀行にとって利益拡大の大きなビジネス・チャンスとなるからです。

ドイツ銀行の破綻が近い、という報道がなされていますが、こういう、アメリカからの恫喝もその一因なのです。

アメリカは、ドルの延命を図るためになりふりかまわぬ行動に出ているということです。

トランプ新大統領が、ブッシュやオバマ大統領時代の負の遺産をどう処理していくかわかりませんが、財政問題は待ったなしですから、同じように厳しい姿勢を他国に対しては貫いていくと思われます。

ウィキリークスによるヒラリー攻撃

現在、ロンドンにあるエクアドル大使館に亡命中のジュリアン・アサンジは、「ウィキリークス」というウェブサイトを2006年に創設し、莫大な量の機密情報を暴露し続けてきました。

最近になって、ヒラリー・クリントンがやり取りした機密メールをオープンにし始めました。これがヒラリー敗北の大きな要因になりました。

ヒラリーは、国務長官時代に3万通を超える機密メールを私的サーバーでやり取りしていたことが暴露されました。そのサーバーはハッキングされていたということです。

国務長官としての職業上のメールは、ハッキング対策が施されたサーバーからのやり取りが義務づけられています。国家機密を含むメールも同様です。ところが、ヒラリーの私的サーバーから送受信されたメールに重大な機密情報が含まれていることが発覚しました。

アサンジは、彼女がイラク戦争やリビア侵攻、さらに直接ＩＳＩＳに関わった経緯などを暴露し始めたのです。

じつは、これまでクリントン夫妻のまわりでは、47人もの近しい人が、自殺や事故、強盗による射殺などの不審な死を遂げています。そのいずれもが、裁判でクリントン夫妻のどちらかに不利な証言をする直前に死亡していました。

その魔の手は、当然アサンジにも及びました。2016年8月22日、一人の不審者がロンドンのエクアドル大使館に侵入を試みたのです。これに気づいた大使館はロンドン市警に通報しましたが、警察は2時間経っても来なかったのです。

英国政府は、アサンジの亡命時からエクアドル大使館の監視を始め、警察署は大使館から徒歩2分のところにあったにもかかわらずです。

その後、アサンジは、ヒラリーの裏の顔を暴露するようになります。

イスラエルを助ける最善の方法として、シリア戦争をたきつけるメール、ヒラリーがカダフィ惨殺を指示したことを示すメール、などです。これらのメールの一部は、ウィキリークスのホームページで閲覧できるようになっています。トップページに「ヒラリー・クリントンEメール・アーカイヴ」という名の「特集アイコン」が表示されていて、クリックすると一覧に飛べるようになっています。

2012年10月5日、ヒラリーにとっては触れられたくない、致命的とも言える情報が開示されました。

ヒラリーが、フランスの大手セメント会社「ラファージュ」を通じて、イラク戦争で莫大な財を築いたこと、さらにシリアでもＩＳＩＳを支援して富を手にしたというものです。

ヒラリーは、弁護士として職業キャリアを開始した人です。80年代から、ラファージュの取締役として法律事務を任されていました。この会社が現在のような大企業になったのは、ヒラリーの尽力で、イラク政府と太いパイプを確立したことがきっかけになりました。そしてＣＩＡが、この会社を通じて、イラクのフセイン大統領に秘密裏に武器を供給するための密輸ネットワークを拡大したからだといいます。

その後、イラク戦争が起き、ラファージュ社は、破壊されたイラクの復興事業を独占して巨額の利益を得たのです。この頃から、ラファージュは諜報機関ともつながりを持ち、いくつものテロ集団にセメント事業などの業務を代行させるため、ＩＳＩＳに巨額の投資を行いました。

さらに、２０００年代前半に、ヒラリーは、この会社に石油に投資するよう求めます。イラク戦争からリビア侵略を経て、この会社は業界で世界第2位の巨大企業に成長しました。

ラファージュは、シリアでセメント工場を建設できるようＩＳＩＳに献金し、ＩＳＩＳが盗掘した原油を転売することで、さらに莫大な利益を得ます。

アサンジは、これらの事実を立証できる確固たる証拠があると表明しています。「ウィキリークス」は2016年10月17日、エクアドル政府が、16日に創設者ジュリアン・アサンジのインターネット接続を切断したと発表しました。闇の権力がエクアドル政府を締めつけただろうことは、容易に想像がつきます。

ヒラリーの最大の支援母体はサウジアラビアだということは有名ですが、他にも、カタールやクウェート、オマーンなど、テロリストを支援するイスラム教の国々もそうです。ヒラリーは、アメリカは毎年11万人以上のイスラム難民を受け入れるべきだと主張したのは、こうした背景があるからです。

ヒラリーは現在もラファージュの取締役です。このフランスの会社がISISを支援し、そのISISは昨年130人以上が亡くなる同時多発テロをパリで起こしました。闇の権力の支配下にある企業は、自国民がどうなろうと構わないという典型的なケースです。

ちなみに、麻生太郎財務大臣の実家もセメント業ですが、このラファージュが2014年に資本参加して合併したのが「麻生ラファージュセメント」です。ただし、現在では関係を隠して「麻生セメント」と社名を改めています。

「命の道」によるワンワールドを目指して

トランプ大統領の誕生によって、アメリカに巣食う闇の権力がこれまで通りには動けなくなったことは確実です。アメリカは「アメリカ・ファースト」の掛け声のもと、雇用や財政などの国内問題に優先的に取り組んでいくことになるでしょう。トランプの政策は一言で言うと、反グローバリズムです。闇の権力が進めてきたグローバリズムを阻止して、世界を変革して真っ当にするということです。

世界政治の潮目が変わったのです。

いま、天皇陛下の「生前退位」問題で揺れる日本も、この世界政治の潮流の変化にいち早く対応して、むしろ、変わりつつあるアメリカをリードしていくようなリーダーシップを発揮するべきときです。

みずから紛争地域をつくりだして、紛争国の双方に武器を売り、金儲けを続けてきた、アメリカに巣食う闇の権力が音を立てて瓦解しようとしています。このような中で、日本だけが、闇の権力の顔色を窺うような政治を続けていては、「命の道」によるワンワールド、世界の恒久平和の実現は遠のいてしまいます。

天皇こそは最大の野党かもしれないと、第1章で述べましたが、天皇陛下の8月の「お言葉」の意味とは、そういう、世界をリードしていく真の神国・日本への、祈りにも似た、深い希望を述べたものと捉えることもできると思います。

新しい時代には、新しい枠組みが必要なのです。変えるべきところは変えて、変えなくてもよいことは変えない。そういう凛（りん）とした態度で世界の国々と全方位外交で協調していく新しい日本の姿勢が求められます。

平和憲法は変える必要はありません。自衛権というのは、どの国にも認められた自然権なのですから、敵国に攻められた場合に防衛するのは当然のことです。

皇室典範や憲法第1章の天皇条項についても現状、変更は必要ありません。私は特例法での対処でよいと思います。そもそも皇室典範は戦後、憲法の下位に置かれたわけですが、それ自体がおかしなことではないかと考えます。

本書で明らかにしてきた通り、日本は天皇家を戴く神国です。今、弱体化した闇の権力が、捨て鉢になって天皇家との合体を画策する勢力を育てることも考えられます。日本は、このような危険が常にあることを考慮しながら、世界の新しい枠組みに貢献していくことが求められます。
　そのために、私たち一人ひとりが、真の心の浄化を通じた意識改革を実践し、これまでの「力」の道ではない、「命」の道による、真実のワンワールドの実現を目指さなければなりません。

（了）

◉著者について

中丸 薫（なかまる かおる）

国際政治評論家。北京の紫禁城で幼少期を過ごす。都立小石川高校を経て、コロンビア大学政治学部、同大学院国際政治学部、同東アジア研究所を卒業後、世界各国を歴訪して国際政治の現場で研鑽を積む。政治経済の実践経験をベースに、各国大統領や国王との対談を積極的に行う民間外交のほか、講演、著述、テレビ出演などを通じて、生の正確な国際感覚を広くアピールすることにより国際政治の大衆化を目指し、一貫した活動を続けている。著書に、『日本が闇の権力に支配される日は近い』(文芸社、1998)、『古代天皇家と日本正史――現人神と万世一系の超秘密』(徳間書店、2004)、『2012年の奇蹟――愛の光でアセンション』(あうん、2007)、『日本人なら絶対知りたい十六菊花紋の超ひみつ――ユダヤと皇室と神道』(ラビ・アビハイル氏他との共著、ヒカルランド、2011)、『古代日本人とユダヤの真実』(KKベストセラーズ、2013)ほか多数がある。

天皇生前退位と神国・日本の秘密

「闇の権力」の日本占領を跳ね返す

◉著者
中丸 薫

◉発行日
初版第1刷 2016年12月20日

◉発行者
田中亮介

◉発行所
株式会社 成甲書房

郵便番号101-0051
東京都千代田区神田神保町1-42
振替00160-9-85784
電話 03(3295)1687
E-MAIL mail@seikoshobo.co.jp
URL http://www.seikoshobo.co.jp

◉印刷・製本
株式会社シナノ

Printed in Japan, 2016
ISBN978-4-88086-350-4